Speicher der Ndau in Chitebe bei Gogoya

Die Drucklegung dieses Begleitbuches wurde durch die großzügige Spende
des Lions Club International ermöglicht.

Mit den Einnahmen aus dem Verkauf dieser Publikation werden zukünftige Projekte,
die sich mit der Aufarbeitung der Moçambique-Expedition beschäftigen, finanziert.

Karin Bautz, Giselher Blesse

# DIE VERGESSENE EXPEDITION

Auf den Spuren
der Leipziger Moçambique-Expedition
Spannaus/Stülpner (1931)

mit Beiträgen von
Katja Geisenhainer und Christine Seige

MUSEUM FÜR VÖLKERKUNDE ZU LEIPZIG

Umschlagfoto:
Träger auf der Safari Masengena-Jofane
vor einem großen Baobab

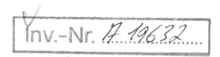
IMPRESSUM

Die Deutsche Bibliothek - CIP-Einheitsaufnahme

Die vergessene Expedition: Auf den Spuren der
Leipziger Moçambique-Expedition Spannaus/Stülpner (1931);
[Begleitbuch zur gleichnamigen Ausstellung
vom 23.09.1999 bis 5.3.2000]
Karin Bautz; Giselher Blesse. Mit Beiträgen von ...-
Leipzig: Museum für Völkerkunde, 1999.
NE: Bautz, Karin [Mitarb.]; Blesse, Giselher [Mitarb.]

Herausgegeben vom Direktor des Museums für Völkerkunde zu Leipzig
ISBN 3-910031-24-2
Alle Rechte vorbehalten
Museum für Völkerkunde zu Leipzig
1999

Begleitbuch zur gleichnamigen Ausstellung
vom 23.09.1999 bis 05.03.2000

Texte:    Die Expedition
          Spurensuche
          *Karin Bautz*
          Das Staatlich-Sächsische Forschungsinstitut
          *Katja Geisenhainer*
          Streiflichter aus dem Leben der Ndau und Hlengwe nach den Notizen von Spannaus und Stülpner
          *Giselher Blesse*
          Gesang, Tanz und Musikinstrumente nach den Notizen von Spannaus und Stülpner
          *Christine Seige*
Objektaufnahmen und Reproduktionen: Karin Wieckhorst
Gestaltung/Layout: Ute Uhlemann
Farbscans und Belichtung: huth & möller graphische gesellschaft br

# INHALT

## ZUM GELEIT

Die ethnographische Sammlung, die das damalige Sächsische Forschungsinstitut für Völkerkunde 1931 auf seiner Expedition nach Moçambique zusammentrug, war in der Tat lange Zeit „vergessen". Vielfältige Umstände verhinderten bisher eine adäquate Bearbeitung und Präsentation. Es gab Probleme mit der Finanzierung des Forschungsinstituts, mit der Lagerung der Objekte, aber auch mit der Zuständigkeit für die Sammlung. Erst 1996 kam es deshalb zu dem gemeinsamen Beschluss unseres Instituts für Ethnologie und des Museums für Völkerkunde, die Sammlung in ihrem ganzen Umfang und Hintergrund zu bearbeiten und öffentlich zu zeigen.

Es liegt vielleicht an dem erfreulichen Umstand, dass die Leipziger Universität selbst Museen besitzt, dass in diesem Fall die Zusammenarbeit zwischen einem Universitätsinstitut und einem Landesmuseum besonders gute und schöne Früchte trägt. Der Ernte gingen eine rechtliche Transaktion der Gegenstände, ihre Bestimmung, Katalogisierung und Restaurierung, die Rekonstruktion der „vergessenen" Expedition einschließlich einer Reise zu ihren Spuren in Moçambique, die Einwerbung von Drittmitteln für das Vorhaben, das die Möglichkeiten der beiden kooperierenden Institutionen weit überstieg, schließlich die Konzeption und Realisierung der Ausstellung voraus. Das vorliegende Begleitbuch dokumentiert damit eine gelungene Gemeinschaftsarbeit, an der Dozenten und Studenten der Universität Leipzig sowie wissenschaftliche und technische Mitarbeiter des Museums ihren Anteil hatten. Das Rektoratskollegium sieht darin einmal mehr die Bestätigung dafür, dass die universitätstypischen Forschungs- und Lehraufgaben durchaus mit den Aufgaben eines Museums, das Objekte zu sammeln, aufzubewahren, wissenschaftlich zu bearbeiten und der Öffentlichkeit zu zeigen hat, zusammenpassen und sich sehr produktiv gegenseitig ergänzen können. Das Ergebnis ist das Bild einer afrikanischen Kultur, die man wegen ihrer Andersheit erst lernen muss zu verstehen. Ausstellung und Begleitbuch möchten dazu anleiten, möchten aber auch die Neugier einer aufgeschlossenen Öffentlichkeit auf weitere derartige Begegnungen wachrufen.

Ich danke allen Mitwirkenden für ihre Initiativen und Energien, die sie in die Wiederbelebung dieses Expeditionsergebnisses von 1931 gesteckt haben, insbesondere Herrn Giselher Blesse vom Museum für Völkerkunde und Frau Karin Bautz vom Institut für Ethnologie, aber auch den anderen Mitarbeitern der beiden Institutionen, sowie den Autoren dieses Begleitbuches. Ich danke auch für das Interesse, das Nachkommen und Angehörige der beiden damaligen Expeditionsleiter dem Vorhaben entgegengebracht haben. Ein besonderer Dank gebührt den Sponsoren, unter denen der Lions Club International eigens hervorgehoben zu werden verdient.

Alle diese Anstrengungen zusammen finden ihre Erfüllung und ihren Sinn aber im humanitären Auftrag des interkulturellen Verstehens, zu dem diese Ausstellung ein praktischer Beitrag und ein zum Nachdenken anregendes Erlebnis sein soll.

Prof. Dr. Volker Bigl
Rektor der Universität Leipzig

Im September 1999

# VORWORT

Dr. Günther Spannaus (1901 - 1984) und Dr. Kurt Stülpner (1901 - 1980) waren beide gerade 30 Jahre alt, als sie 1931/32 aufbrachen, um im Auftrag des Staatlich-Sächsischen Forschungsinstituts für Völkerkunde die Bevölkerung im zentralen Teil Moçambiques zu erforschen. Nach zehnmonatigem Aufenthalt in Südostafrika kehrten die beiden Ethnologen im Januar 1932 wohlbehalten und mit großer Ausbeute an Fotos, Filmen, Tagebüchern und Tonaufnahmen nach Leipzig zurück. Der umfangreichste Teil ihres Reisegepäcks aber bestand in einer ethnographischen Sammlung von 1.582 Objekten der materiellen Kultur der von ihnen untersuchten Völker. Schon am 24. November 1932 wurde eine Sonderausstellung mit dem Titel „Mozambique-Expedition 1931/32 (Spannaus-Stülpner)" im Völkerkunde-Museum eröffnet und bis Ende Februar 1933 gezeigt. Diese Sammlung hat den II. Weltkrieg mit seinen Bombenangriffen auf Leipzig zum Glück überstanden. Nach dem Krieg wurde ein Teil dieser Exponate 1952/53 in den Räumen des damaligen Julius Lips-Instituts für Ethnologie und Vergleichende Rechtssoziologie der Universität Leipzig ausgestellt, und es gibt dazu eine kleine „Einführung in die Völkerkunde von Moçambique" mit einem Geleitwort von Frau Prof. Dr. Eva Lips (1906-1988), die das Institut bis zu ihrer Emeritierung im Jahre 1966 geleitet hat. Sie hebt in dieser Publikation die fruchtbare Zusammenarbeit mit dem Leipziger Völkerkunde-Museum bei der Vorbereitung dieser Ausstellung nachdrücklich hervor.

Eine weitere, ausschnittsweise Präsentation dieser wertvollen Sammlung erfolgte dann 25 Jahre später, als 1977 die Sonderausstellung „Handwerk und Kunst Moçambiques" im Museum für Völkerkunde zu Leipzig eröffnet wurde. Inzwischen hatte die Universität ihre Moçambique-Sammlung dem Museum als Dauerleihgabe übergeben. Durch einen offiziellen Tauschvertrag zwischen Universität und Museum ging diese Sammlung 1995 endgültig in den Besitz des Museums über, und wir sind sehr glücklich darüber, nun an der Schwelle des 21. Jahrhunderts, dieses Material als Gemeinschaftswerk von Mitarbeitern beider Institutionen der Öffentlichkeit präsentieren zu können. Zugleich symbolisiert diese Sonderausstellung unsere Verbundenheit mit den Menschen Afrikas, deren Fleiß und Kunstfertigkeit in den ausgestellten Gegenständen ihres Alltags deutlich zum Ausdruck kommen, auch wenn sich ihre traditionelle Kultur in den letzten Jahrzehnten wie überall in der Welt bereits deutlich verändert hat.

Ich danke allen Mitarbeiterinnen und Mitarbeitern sehr herzlich, die beim Zustandekommen der Moçambique-Exposition mitgewirkt haben, besonders aber Frau Karin Bautz, M.A. und Herrn Dipl.-Ethn. Giselher Blesse, die auch als Autoren dieses Begleitbuches maßgeblichen Anteil am Gesamterfolg haben. Wir alle wünschen der Moçambique-Ausstellung ein zahlreiches und interessiertes Publikum.

Dr. habil. Lothar Stein
Direktor des Museums für Völkerkunde zu Leipzig

Im September 1999

# DIE EXPEDITION
*Karin Bautz*

## EINLEITUNG

Wir wissen nicht, ob sich Günther Spannaus und Kurt Stülpner bei der Unterzeichnung ihres Vertrages mit dem Staatlichen Forschungsinstitut für Völkerkunde im März 1931 vorstellen konnten, dass ihre Unternehmung, die sie für den Rest des Jahres nach Moçambique führen sollte, über Jahrzehnte hinaus immer wieder Thema sein würde. Spannaus und Stülpner hatten von ihrem Institut den Auftrag erhalten, die Erforschung der Ndau in Zentralmoçambique, dem kolonialen Portugiesisch-Ostafrika, in der Region zwischen den Flüssen Buzi und Save, mit ethnographischem und anthropologischem Schwerpunkt durchzuführen. Sie sollten dabei möglichst auch benachbarte Gruppen im ehemaligen Südrhodesien mit einbeziehen.

Es wurde ausdrücklich auf topographische Aufnahmen der in der Region vorkommenden Ruinenstätten Wert gelegt. Die umfassende Erforschung der geistigen und materiellen Kultur, wie auch des Kulturwandels in diesem Teil Moçambiques, war formuliertes Ziel der Expedition. Ein weiteres Hauptaugenmerk sollte dem Anlegen völkerkundlicher Sammlungen gelten.

Während der Vorbereitung konnten sie auf die Unterstützung zahlreicher Fachkollegen aus dem In- und Ausland zählen, aber die internationale Finanzkrise beeinträchtigte auch dieses Unternehmen. Trotz vieler Widrigkeiten schafften es die beiden Ethnologen, wie es auch in ihrem Vertrag vorgesehen war, nach knapp einjähriger Expedition mit reichhaltigem Material nach Leipzig zurückzukehren.

Abb. 1:
Kurt Stülpner, Sr. Santa Clara und Günther Spannaus in Chibabava

# DAS STAATLICH-SÄCHSISCHE FORSCHUNGSINSTITUT FÜR VÖLKERKUNDE

*Katja Geisenhainer*

Am 15. Mai 1909 rief der Leipziger Historiker Karl Lambrecht in Gegenwart des Königs Friedrich August von Sachsen das Institut für Kultur- und Universalgeschichte ins Leben, ein Forschungsinstitut, das in Ergänzung des Lehrbetriebes stehen sollte. Bereits im Jahr darauf regte Lambrecht die Gründung weiterer Forschungsinstitute an. Diese sollten sich insbesondere den geisteswissenschaftlichen Bereichen widmen, um eine Ergänzung der naturwissenschaftlichen Forschungsinstitute darzustellen, die gerade in Berlin auf Initiative Kaiser Wilhelm II. im Enstehen waren. König Friedrich August sagte eine finanzielle Förderung durch die königliche Staatsregierung zu, die durch Beiträge privater Stifter insbesondere aus Leipzig ergänzt werden sollte. „An erster Stelle" hatte sich Lambrecht gewünscht, dass „die Ausbildung der [ . . . ] drei Institute, des psychologischen, des völkerkundlichen und kultur-universalgeschichtlichen in Betracht kommen, [ . . . ] ihre Durchbildung würde die Universität mit einem Schlage in die vordere Linie der geisteswissenschaftlichen Bewegung unserer Zeit bringen." Diese drei Institute sollten sich „in einer Reihe weiterer Institute fortpflanzen [ . . . ], die die Entwicklung einzelner menschlicher Daseinszeiten im speziellen behandeln".[1]

Vertreten wurde das Fach Völkerkunde an der Leipziger Universität im Wesentlichen durch den damaligen Direktor des Völkerkunde-Museums, Karl Weule (1864-1926). Was das Forschungsinstitut betraf, hatte Weule dem Oberbürgermeister gegenüber „nur einige wenige Arbeitsgebiete herausgegriffen, deren Bearbeitung in höherem Sinne zunächst in Frage kommt". Hierzu zählte er die Urgeschichte, die Volkskunde, die Anthropologie, die Ethnographie und Ethnologie.[2]

Die geplanten Forschungsinstitute sollten den jeweils entsprechenden akademischen Instituten angegliedert werden und unter derselben Direktion stehen. Zu jenem Zeitpunkt existierte jedoch noch kein selbständiges Institut für Ethnologie an der Universität, gleichwohl sich Weule seit einigen Jahren darum bemühte. Hans Meyer, dessen Spende von 150 000 M die höchste Summe darstellte, knüpfte seinen Beitrag an die Bedingung, das geplante Forschungsinstitut für Völkerkunde an das städtische Museum für Völkerkunde anzugliedern. Am 10. November 1913 teilte der Rat der Stadt Leipzig den Stadtverordneten mit, das völkerkundliche Forschungsinstitut solle mit dem Museum „in engster Verbindung" stehen. „Die ursprünglich gewünschte unmittelbare Angliederung an das Museum für Völkerkunde" könne aber „nicht mehr in Frage kommen, nachdem die Angliederung sämtlicher 10 Forschungsinstitute an die entsprechenden akademischen Institute der Stiftungsurkunde vorgeschrieben ist".[3] Dass sich die Völkerkunde „dieser Bestimmung gegenüber in einer besonderen Lage [befand], indem ein akademisches Institut oder Seminar für Völkerkunde bisher noch nicht besteht,"[4] sollte sich nun ändern: Am 28. Januar 1914 erhielt Weule endlich vom Königlichen Ministerium des Kultus und öffentlichen Unterrichts die Mitteilung, es sei beschlossen worden, das *Ethnographische Seminar* „nun förmlich zu begründen".[5] Für das *Staatlich-Sächsische Forschungsinstitut für Völkerkunde* gilt als amtliches Gründungsdatum der 1. November 1914. Nach Weules Vorstellung stellte „das Seminar eine wirkliche Pflanzstätte für die angehenden Jünger meiner Disziplin" dar, „während dem Forschungsinstitut höhere Ziele vorbehalten bleiben" sollten.[6] Für die Verwirklichung dieser Ziele standen dem Institut für das laufende Kalenderjahr 4 000 M. an staatlichen Mitteln und 2 500 M. aus Erträgen der *König-Friedrich-August-Stiftung für wissenschaftliche Forschung in Leipzig* zur Verfügung. „Außerdem hat das Institut einen von der Stadt Leipzig bis auf weiteres zugesagten Jahresbetrag von 14 000 M. und die Zinsen eines von Herrn Geh. Hofrat Prof. Dr. Hans Meyer gestifteten Kapitals von 50 000 M. dem Willen des Stifters gemäß regelmäßig zu beziehen."[7] Die Stadt Leipzig wünschte, auf diese Weise Forschungen zu unterstützen, die „der Bereicherung des der Stadt gehörenden Völkerkundemuseums dienen."[8]

Die endgültige Gründung des *Ethnographischen Seminars*

und des Forschungsinstitutes fiel in das Jahr, in dem der 1. Weltkrieg begann. Noch vor dem offiziellen Gründungsdatum der Forschungsinstitute hatte sich der akademische Senat „dafür ausgesprochen, daß die für die Forschungsinstitute ausgeworfenen Gelder während dieser Kriegszeit zur Verwendung für dringende Aufgaben des Staates frei bleiben sollen."[9] Einschränkungen erfuhr das Forschungsinstitut für Völkerkunde darüberhinaus auch insofern, als Expeditionen in andere Kontinente vorerst weitgehend unterbleiben mußten. Abgesehen von einer kleineren Unternehmung in Rumänien, konzentrierte man sich auf die Ausarbeitung und Veröffentlichung von bereits gesammeltem Material sowie auf die Erweiterung der Bibliothek. 1916 erschien der erste Band der *Veröffentlichungen des Staatlich-Sächsischen Forschungsinstituts für Völkerkunde zu Leipzig* (Fak. 1) und - obwohl die Inflation das wissenschaftliche Arbeiten weiterhin erschwerte - gelang es Weule, die Reihe der Veröffentlichungen fortzusetzen. Darüberhinaus plante er den Umzug des ihm unterstellten Museums und der Institute in den Neubau am Johannisplatz. Die Realisierung hat er jedoch nicht mehr erleben können. Weule starb am 19. April 1926.

Waren das Museum, das Ethnographische Seminar sowie das Forschungsinstitut bisher in Personalunion geleitet worden, wurden die Ämter nun getrennt: Der Anthropologe und Völkerkundler Otto Reche (1879-1966) folgte dem Ruf nach Leipzig, um die Leitung des akademischen Instituts und damit gleichzeitig die des Forschungsinstituts zu übernehmen, während Weules Assistent Fritz Krause (1881-1963) die Direktion des Museums antrat. Räumlich blieben die Einrichtungen bis 1938 vereint in dem Neuen Grassimuseum am Johannisplatz. Reche vergewisserte sich, daß die Stadt auch künfig ihren Beitrag zu der *König-Friedrich-August-Stiftung* in voller Höhe zahlte. Oberbürgermeister Rothe knüpfte „an die städtischen Zuschüsse für das Forschungsinstitut die Massgabe [...], dass nur solche Forschungen damit subventioniert werden, die dem Städtischen Museum für Völkerkunde direkt oder indirekt zugute kommen."[10]

Neben der Unterstützung kleinerer Unternehmen wurden insgesamt sieben umfangreichere Forschungsreisen mit Mitteln des *Staatlich-Sächsischen Forschungsinstitutes für Völkerkunde* finanziert: die Expedition von Egon Freiherr von Eickstedt nach Indien (1926 bis 1929), von Paul Germann ins Grenzgebiet zwischen Nordwest-Liberia, Sierra Leone und dem angrenzenden französischen Kolonialgebiet (1928/29), von Joachim-Hellmuth Wilhelm an den oberen Sambesi in Südwestafrika (ab 1928), von Kurt Unkel-Nimuendajú nach Nordbrasilien (1929), von Hugo Bernatzik und Bernhard Struck nach Portugiesisch-Guinea (1930/31), von Eduard Erkes nach China (1931) und schließlich die Expedition von Günther Spannaus und Kurt Stülpner nach Moçambique (1931/32). Unter Reches Leitung erschienen weitere fünf Bände in der Reihe des Forschungsinstitutes.

Durch die Verordnung des Sächsischen Ministeriums für Volksbildung vom 22. Februar 1936 wurden schließlich die *König-Friedrich-August-Stiftung* sowie die Forschungsinstitute mit Wirkung vom 1. April 1936 aufgehoben, da „die Erfüllung des Zwecks" dieser Stiftung „im Sinne ihrer Stifter infolge des durch die Inflation verursachten Verlustes des größten Teils des Stiftungsvermögens und infolge der durch die Finanzlage gebotenen Einstellung der bei der Gründung der Stiftung ins Auge gefaßten staatlichen Beihilfen unmöglich geworden ist".[11] Das „allgemeine Vermögen der König-Friedrich-August-Stiftung" sowie das den einzelnen Forschungsinstituten gestiftete Sondervermögen wurde der *Sächsischen Akademie der Wissenschaften* (Philologisch-historische Klasse)[12] überwiesen. Das Geld sollte als „besonderer Vermögensstock" geführt und nach gewissen Vorgaben verwaltet und weiterhin für die bisherigen Forschungszwecke verwendet werden. Die Forschungsinstitute konnten auch künftig die Gegenstände nutzen, die mit Geldern der Stiftung angeschafft worden waren. Formal gingen sie jedoch nun in den Staatsbesitz über.[13]

In Folge von Reches Intervention wurde ihm „als Direktor des Instituts für Rassen- und Völkerkunde die volle Verfügung über die bei dem ehemaligen Forschungsinstitut für Völkerkunde bei der Auflösung vorhanden gewesenen Nutzungsüberschüsse" überlassen.[14]

Auf diese Weise, so hatte es Reche gegenüber dem Sächsischen Ministerium für Volksbildung am 23. April 1936 angegeben, wolle er insbesondere die „Drucklegung der aller Wahrscheinlichkeit in diesem Jahr fertig werdenden großen Arbeit von Herrn Dr. Spannaus über seine und Herrn Dr. Stülpners Moçambique-Expedition" finanzieren.[15]

De facto existierten also ab April 1936 die *König-Friedrich-August-Stiftung* sowie das *Staatlich-Sächsische Forschungsinstitut für Völkerkunde* nicht mehr. In der Furcht, künftig auf finanzielle Unterstützung verzichten zu müssen, weigerte Reche sich jedoch, diesen Beschluß anzuerkennen und behauptete beispielsweise der Stadt gegenüber, in Abänderung der Verordnung über die Auflösung der *König Friedrich-August-Stiftung* sowie der Forschungsinstitute habe das Ministerium am 15. April 1936 über das Forschungsinstitut für Völkerkunde verfügt, „daß dieses aus dem Komplex der König-Friedrich August-Stiftung herausgenommen und dem Universitätsinstitut für Rassen- und Völkerkunde angegliedert wird."[16]

Im August 1936 wie auch in den folgenden Jahren war auf diese Aussage hin eine Zahlung von 200 RM „als Beihilfe der Stadt Leipzig" angewiesen worden.

Was Reche in der nächsten Zeit ohne den im Mai 1936 mit dem sächsischen Ministerium vereinbarten Zusatz „ehemalig" als Forschungsinstitut ausgab,[17] war nicht mehr die Einrichtung, die an eine Stiftung oder bestimmte Geldgeber gebunden war.

Das *Staatlich-Sächsische Forschungsinstitut für Völkerkunde* existierte somit seit April 1936 als ein Forschungsinstitut ohne Satzung und im Grunde lediglich als eine der Repräsentation dienende Worthülse. Die Nachbereitung der Moçambique-Expedition zu finanzieren, blieb anderen überlassen, ebenso wie die Bearbeitung selbst.

Königlich Sächsische Forschungsinstitute in Leipzig

## Institut für Völkerkunde

Erste Reihe: Ethnographie und Ethnologie

Erster Band:

## Die Barundi

Eine völkerkundliche Studie aus Deutsch=Ostafrika

von

Hans Meyer

Leipzig 1916

Fak. 1: Veröffentlichung des Forschungsinstituts

## Anmerkungen

[1] Zit. in einem gedruckten Schreiben des Rates der Stadt Leipzig (Dittrich) an die Stadtverordneten am 17.11.1911; IEUL, WeFI 1911-1916.

[2] Weule an den Oberbürgermeister am 21.10.1911; IEUL, WeFI 1911-1916.

[3] IEUL, WeFI 1911-1916. Gegründet wurden die Forschungsinstitute für Religionsgeschichte, für Psychologie, für klassische Philologie und Archäologie, für neuere Philologie, für Indogermanistik, für Orientalistik, für Geographie, Geschichte und Kunstgeschichte, für Kultur- und Universalgeschichte, für Völkerkunde sowie für Volkswirtschaftslehre.

[4] Weule an das Königl. Ministerium des Kultus und öffentlichen Unterrichts zu Dresden am 14.11.1913; IEUL, We 1911-1918.

[5] Königl. Ministerium des Kultus und öffentl. Unterrichts an Weule am 28.1.1914; IEUL, We 1911-1918. In diesem Schreiben hatte das Ministerium die Bezeichnung „Institut für Völkerkunde" gewählt. Um Verwechslungen mit dem Forschungsinstitut zu vermeiden, beantragte Weule am 16.2.1914 die Umbenennung in „Ethnographisches Seminar der Universität Leipzig", was ihm 10 Tage später bewilligt wurde (IEUL, We 1911-1918).

[6] Weule an das Ministerium des Kultus und öffentl. Unterrichts, Dresden, am 16.2.1914; IEUL, We 1911-1918.

[7] Zit. nach Reche 1929: 103. Die Zinsen aus den anderen beiden Dritteln der von Hans Meyer insg. gespendeten 150 000 M gingen jeweils an das Institut für Kultur- und Universalgeschichte sowie an das Institut für Nationalökonomie. Dies entsprach dem Wunsch von Meyer (vgl. Reche 1929: 99).

[8] Oberbürgermeister Rothe am 12.5.1927; UAL PA 831.

[9] Rektor der Universität an die Direktoren der Forschungsinstitute, eing. am 8.9.1914; IEUL, We FI 1911-1916.

[10] Oberbürgermeister Rothe am 12.5.1927; UAL PA 831.

[11] Sächsisches Ministerium für Volksbildung an den Vorstand der König-Friedrich-August-Stiftung für wissenschaftliche Forschung zu Leipzig am 22.2.1936; IEUL, Re III. I.

[12] Die Sächsische Akademie der Wissenschaften war als vierte deutsche Akademie am 1. Juli 1846 unter dem Namen *Königlich Sächsische Gesellschaft der Wissenschaften* - unterteilt in eine philologisch-historische und eine mathematisch-physische Klasse (ab 1942 mathematisch-naturwissenschaftliche Klasse) - gegründet worden. Seit dem 1. Juli 1919 führt sie schließlich den Namen *Sächsische Akademie der Wissenschaften zu Leipzig*. Zur Geschichte und Struktur der *Sächsischen Akademie der Wissenschaften* sei verwiesen auf Wiemers/Fischer 1996: 7-15.

[13] Sächsisches Ministerium für Volksbildung an den Vorstand der König-Friedrich-August-Stiftung für wissenschaftliche Forschung zu Leipzig am 22.2.1936; IEUL, Re III. I.

[14] Sächsisches Ministerium für Volksbildung, Seydewitz an Reche am 13.5.1936, IEUL; Re III. I.

[15] Reche an das Sächsische Ministerium für Volksbildung am 23.4.1936; IEUL, Re III. I.

[16] Reche an den Oberbürgermeister der Stadt Leipzig am 8.8.1936; IEUL, Re III 2.

[17] Sächsisches Ministerium für Volksbildung, Seydewitz an Reche am 13.5.1936; IEUL, Re III. I.

## Archive

IEUL Archiv des Instituts für Ethnologie der Universität Leipzig
UAL Universitätsarchiv Leipzig

## Literatur

Reche, Otto
1929 Das Staatliche Sächsische Forschungsinstitut für Völkerkunde an der Universität Leipzig. In: Ethnologische Studien; 97-105.

Wiemers, Gerald; Fischer, Eberhard
1996 Die Mitglieder von 1846 bis 1996: Sächsische Akademie der Wissenschaften zu Leipzig. Berlin: Akademie.

## BIOGRAPHISCHES *Karin Bautz*
### Günther Spannaus

Karl Günther Spannaus wird am 25. August 1901 in Northeim geboren. Am humanistischen Gymnasium *Corvinianum* legt er 1920 die Reifeprüfung ab. Nach einem halbjährigen Arbeitseinsatz in einem Erz- und einem Kalibergwerk besucht er seit dem Wintersemester 1920/21 die Handelshochschule in Leipzig, an der er 1923 seine Prüfung zum Diplomkaufmann ablegt. Schon während seiner Zeit an der Handelshochschule hört er völkerkundliche und völkerpsychologische Vorlesungen bei den Professoren Weule und Krüger. Im Sommersemester 1923 beginnt Spannaus an der Göttinger Universität, Jura und Nationalökonomie zu studieren. Seit dem Sommersemester 1924 wendet er sich endgültig dem Studium der Völkerkunde in Leipzig zu. Im Juli 1927 reicht er seine Doktorarbeit mit dem Titel *Züge aus der politischen Organisation afrikanischer Staaten und Völker* ein. Im selben Jahr besteht er sein mündliches Examen in den Fächern Völkerkunde, Afrikanische Sprachen und Nationalökonomie.

Von Februar bis April 1928 ist er als wissenschaftlicher Hilfsarbeiter am damaligen Ethnologisch-Anthropologischen Institut beschäftigt. Im Mai 1928 beginnt seine Assistententätigkeit bei Otto Reche. Zu Beginn seiner Assistentenzeit steht die Einarbeitung in den akademischen Lehrbetrieb. Später steht die Vorbereitung einer völkerkundlichen Expedition nach Moçambique,[1] deren Ergebnisse als Grundlage einer Habilitationsschrift verwertet werden sollen, im Vordergrund. Unter seiner Leitung findet von März 1931 bis Januar 1932 die völkerkundliche Expedition nach Zentralmoçambique statt.

Nach der Rückkehr aus Moçambique geht es um die Bearbeitung des Materials, das aus dem Expeditionsgebiet mitgebracht wurde. Die Schwierigkeiten bei der sachlichen Abgrenzung unter den zwei Ethnologen, die Fülle des Materials, der Weggang Stülpners, aber auch vielfältige andere Verpflichtungen, wie die Vortragstätigkeit an verschiedenen Institutionen und die Übernahme der Bearbeitung von Lexikon-Beiträgen rücken das Ziel einer Publikation der Expeditionsergebnisse immer weiter in die Ferne.

1938 tritt Spannaus in die Dienste des Oberkommandos der Wehrmacht. Seit Juli 1939 im Rang eines Regierungsrates, obliegt ihm die Bearbeitung kolonial-völkerkundlicher Aufgaben. Nach einer Frontdienstzeit von Dezember 1939 bis Februar 1941 erhält er im selben Jahr auf Betreiben des Afrikanisten Westermann, der auch Direktor des Internationalen Afrika-Institutes in London ist, einen Lehrauftrag an der Berliner Universität für das Gesamtgebiet der Völkerkunde mit Schwerpunkt Afrika.

Die zweite Frontmeldung vom Januar 1944 führt ihn zur Indischen Legion, mit der er Ende April 1945 in französische Gefangenschaft gerät. In der Kriegsgefangenschaft betätigt er sich als Leiter der Lageruniversität *Camp de Lazarc*.

Günther Spannaus kehrt im August 1946 zunächst zur Familie seines Bruders, eines Buchhändlers in Northeim, zurück.

Vom Sommersemester 1947 bis zum Sommersemester 1949 erhält er, in Vertretung des Göttinger Institutsleiters Plischke während dessen Entnazifizierungsverfahrens, einen Lehrauftrag für das Gesamtgebiet der Völkerkunde. Nach Rückkehr Plischkes sieht Spannaus keine Möglichkeit der unentgeltlichen Weiterführung des Lehrauftrags.

Als freier Wissenschaftler, der unter anderem die Bearbeitung sämtlicher Artikel über afrikanische Völkerkunde zur Neuauflage des *Großen Brockhaus* übernimmt und als Stipendiat der *Deutschen Forschungsgemeinschaft* von Dezember 1950 bis Februar 1952, hat Spannaus die Möglichkeit, sich der Bearbeitung eines Teiles der Ergebnisse der Moçambique-Expedition zu widmen.

Im Juli 1954 heiratet Günther Spannaus; das Ehepaar bleibt kinderlos.

Spannaus ist seit April 1956 zuerst halbtags, ein Jahr darauf hauptamtlich, als wissenschaftlicher Referent für die Fachgebiete Völkerkunde, Volkskunde, Geographie und Vorgeschichte am *Institut für den wissenschaftlichen Film* in Göttingen angestellt.

Im Oktober 1959 übernimmt Günther Spannaus die Leitung des Institutes für Völkerkunde an der *Georg-August-Universität* in Göttingen. Die Berufungsurkunde des Niedersächsischen Landesministeriums zum ordentlichen Professor nimmt er im Januar 1960 entgegen.

Aufgrund gesundheitlicher Beschwerden bittet Spannaus um die frühzeitige Entbindung von den Amtspflichten und wird im September 1966 emeritiert.

Günther Spannaus stirbt 1984 in Göttingen.

## Kurt Stülpner

Rudolf Kurt Stülpner wird am 16. Juli 1901 in Dresden geboren. Dort legt er 1921 die Reifeprüfung ab und besucht im Anschluß daran einen einjährigen Lehrgang am Friedrich-August-Seminar, den er mit einem Zertifikat als Hilfslehrer abschließt. Vom Frühjahr 1922 bis 1924 ist er an verschiedenen Volksschulen in Dresden tätig. 1924 nimmt er sein Studium der Völkerkunde, Afrikanischen Sprachen und Japanologie in Leipzig auf. Seine Doktorarbeit mit dem Titel *Der Tote in Brauch und Glauben der Madagassen*, die er 1928 einreicht, wird mit „gut" bewertet. Den Titel des Dr. phil. erhält er nach mündlichen Prüfungen, die er im August 1929 mit ausgezeichnetem Erfolg besteht. Im Anschluß an eine kurze Tätigkeit als wissenschaftlicher Hilfsarbeiter am Städtischen Museum für Völkerkunde zu Leipzig hat Kurt Stülpner ab März 1931 die Möglichkeit, unter der Leitung von Günther Spannaus an der Moçambique-Expedition des Staatlich-Sächsischen Forschungsinstitutes teilzunehmen. Da dem Institut schon kurze Zeit nach der Rückkehr keinerlei Mittel mehr für eine Weiterbeschäftigung Stülpners zur Verfügung stehen, wird er von November 1932 bis Juli 1934 mit einem monatlichen Stipendium der Notgemeinschaft der Deutschen Wissenschaft unterstützt. Trotz vielfältiger Bemühungen, auch seitens der Institutsleitung, gelingt es Stülpner nicht, eine Anstellung in Deutschland zu finden.

Von September 1935 bis September 1938 arbeitet er als Dozent für Deutsch in Hukuoka, Japan.

In Japan heiratet Kurt Stülpner 1936 seine Braut, die nach Abschluss ihres Pädagogikstudiums in Leipzig nach Japan reist. Dort kommt ein Jahr später auch das erste Kind, ein Sohn, zur Welt. Stülpner bemüht sich über das Auswärtige Amt um eine Lektorenstelle, vorzugsweise im spanischsprachigen Ausland. Er hat damit aber so wenig Erfolg, wie mit seinen Versuchen, auf der Rückreise von Japan nach Deutschland in einem südamerikanischen Land eine berufliche Laufbahn aufbauen zu können.

Bekannt ist, daß Stülpner 1940 und Anfang des Jahres 1941 als Aushilfsassistent am Institut in Leipzig beschäftigt ist, um die in den Krieg eingezogenen Institutsmitarbeiter zu ersetzen.

Im Februar 1941 meldet er sich freiwillig zum Dienst bei der Marine, was er aber schon kurze Zeit später sehr bereut. Im Dezember 1944 gerät er in Italien in amerikanische Gefangenschaft und kehrt im Juli 1946 zu seiner Frau und seinen zwei Kindern nach Leipzig zurück. Nach verschiedenen Aushilfstätigkeiten findet er eine Anstellung am Bibliographischen Institut in Leipzig, wo er bis 1955, dem Jahr der Übersiedlung in den Westen, tätig ist. Von 1955 bis 1966 lebt die Familie Stülpner in Wiesbaden. Kurt Stülpner arbeitet als Bibliothekar an der Nassauischen Landesbibliothek. Nach der Pensionierung von Kurt Stülpner zieht das Ehepaar nach Singen in das Elternhaus der Ehefrau um. Kurt Stülpner stirbt im Jahr 1980.

## VORBEREITUNGEN
### Erste Kontakte

Im März 1930 nimmt Otto Reche Kontakt zum *International Institute of African Languages & Cultures* auf. In einem vertraulichen Brief an den Generalsekretär Hans Vischer informiert er diesen von seiner Absicht, noch „in diesem Jahre eine Expedition loszuschicken und zwar entweder in das Hinterland des südlichen Mosambik oder in die Grenzgebiete zwischen Mosambik und Rhodesien nördlich des Sambesi".

Außer der grundsätzlichen Anfrage, ob für das Internationale Afrikainstitut bestimmte Forschungsaufgaben von besonderem Interesse seien, hat Reche eine ganze Reihe Fragen zur praktischen Durchführung und Unterstützung derselben durch das schon genannte Institut. Er erkundigt sich nach der am besten geeigneten Reisezeit, nach Einreiseformalitäten und möglichen zu hinterlegenden Kautionen. Er erbittet außerdem Auskunft über Regionen, die zur Erforschung besonders geeignet scheinen, wie auch über Missionsstationen, die für einen längeren Aufenthalt in Frage kämen. Abschließend bittet er Vischer um eine Beurteilung der Kostenfrage.

Am 13. März antwortet Westermann im Auftrag Vischers. Neben der Beantwortung der eher praktischen Fragen zur Durchführung der geplanten Expedition weist er darauf hin, daß das Institut besonderes Interesse an den „gegenwaertigen Veraenderungen im geistigen, sozialen und allgemein kulturellen und wirtschaftlichen Leben der Eingeborenen" habe. Und damit an der Frage, „welche Wirkungen die neue Zeit auf die Eigenkultur der Afrikaner ausuebt und wie eine Verbindung des Alten mit dem Neuen zustande kommt."

Westermann stellt eine mögliche, auch finanzielle, Unterstützung durch das Institut in Aussicht. Er gibt aber zu bedenken, daß eine konkretere Reiseplanung vor dem Unternehmen weiterer Schritte notwendig sei.

Abb. 2: Afrikakarte im Album Stülpners

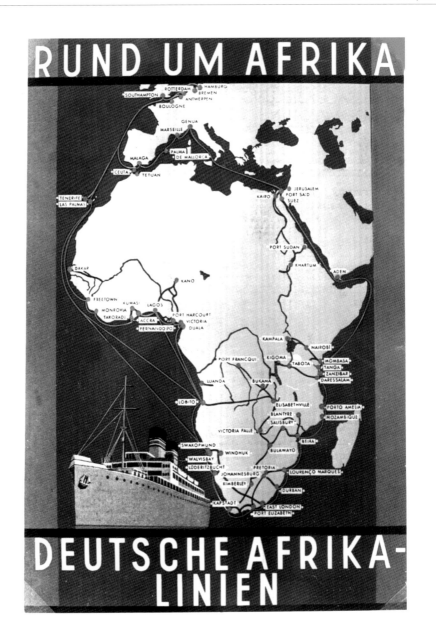

Abschließend rät er , Kontakt zur *Mission Suisse Romande* in Lausanne, Schweiz, aufzunehmen, um dort weitere Auskünfte durch Henri A. Junod und andere Missionare, die ethnologisch gearbeitet hatten und über das Gebiet am besten unterrichtet waren, zu erhalten.

Im Verlauf des Jahres werden noch viele Briefe mit der Bitte um Auskunft und Hilfestellung geschrieben: an Pater Schulien vom Museum für Missiologie und Ethnologie in Rom, an Pater Schebesta in St. Gabriel bei Wien, an Richard Thurnwald, der aber erst im April 1931 aus Ost-Afrika zurückkehren wird, an Henri Junod in Genf und immer wieder an das *International Institute of African Languages & Cultures*.

Möglicherweise ist es der Briefwechsel mit Henri Junod, dem Verfasser des zweibändigen Werkes *The Life of a South African Tribe*, der den Ausschlag gibt für das letztendlich gewählte Forschungsgebiet. In einem Brief an das Staatliche Institut für Völkerkunde vom 21. Oktober 1930 schreibt er:

„La tribu de Ba-Njao est celle qui vit dans les environs de Beira et occupe une région considérable au Sud, à l'Ouest et au Nord de cette ville entre le 22 m et le 19 m degré de l'altitude sud, sur le bords de la rivière Bouzi, jusqu'à la rivière Sabi au Sud. Elle est encore très peu connue. Les missionaires américains au Mount Selinda dans la Rhodesie du Sud, aux confins de la frontière portugaise, ont commencé à déchiffrer sa langue qui appartient déjà au groupe des Bantous du centre, différant ainsi du Thonga mais assez rapprochée du Kalanga et du Venda. J'ai des raisons de croire qu'une investigation scientifique de ce groupe serait très utile et apporterait beaucoup d'éléments nouveaux à nos connaissances des Bantous."[2]

Neben vergleichsweise guten Verkehrsverbindungen - die Deutsche Ostafrika-Linie läuft den Hafen von Beira an, von Beira gibt es eine Eisenbahnlinie nach Umtali und Salisbury im kolonialen Südrhodesien - liefern die Kontakte zu den Niederlassungen der *American Board Mission* und der Verwaltungsposten der *Companhia de Moçambique*[3] einen weiteren Grund, um davon auszugehen, dass die beiden Expeditionsteilnehmer ein Mindestmass an praktischer Unterstützung bei der Durchführung ihres Vorhabens vorfinden werden.

Fak. 2: Briefkopf Mission Swiss Romande

Karte von Moçambique
(Quelle: DINAGECA, 1995)

## Reisevorbereitungen

Schon im Juli 1930 nimmt Otto Reche Kontakt zur Portugiesischen Botschaft in Berlin auf, mit der Bitte um Förderung der Expedition.

Im November 1930 bekommt die Deutsche Botschaft in Lissabon einen Brief mit der Bitte, sich in Portugal bei den Behörden für die Förderung der Expedition einzusetzen. Das Reiseziel und das Forschungsvorhaben werden in diesem Brief genau benannt. In einem weiteren Brief im Dezember 1930 wird die Botschaft gebeten, ein in Portugiesisch abgefasstes Schreiben an die Direktion der *Companhia de Moçambique* weiterzuleiten. Ein ähnlich gehaltenes Schreiben, in dem genaue Angaben über Reiseziel und -zweck gemacht werden, erhält der portugiesische Gouverneur in Beira. In allen Schreiben wird erwähnt, dass „die Expedition mit moralischer Unterstützung des Internationalen Institutes für afrikanische Kulturen und Sprachen in London reist." Die Deutsche Botschaft teilt am 31. Dezember 1930 mit, dass die entsprechende Unterstützung und die gewünschten Erleichterungen bei der portugiesischen Regierung beantragt und das Schreiben an die Direktion der *Companhia de Moçambique* befürwortend weitergegeben wurde.

Im Januar werden das Deutsche Konsulat in Beira und die Behörden der englischen Verwaltung von Südrhodesien über Ziel und Aufgaben der Expedition informiert und um Unterstützung gebeten.

Die Deutsche Botschaft in Lissabon sendet am 20. Januar die Mitteilung, „daß die Mozambique-Gesellschaft den Gouverneur des Territoriums beauftragt hat, der Expedition der Herren Spannaus und Stülpner alle mit den gesetzlichen Bestimmungen in Einklang zu bringenden Erleichterungen zu gewähren."

Auch das Internationale Institut für afrikanische Kulturen und Sprachen in London wird ein weiteres Mal aktiv und bemüht sich um ein Schreiben der Portugiesischen Botschaft in London und um zwei offene Empfehlungsschreiben in Portugiesisch und in Englisch für Spannaus und Stülpner.

Im gleichen Zeitraum werden von der Institutsleitung Bitten und Anträge auf finanzielle Unterstützung der Expedition formuliert. Adressaten sind außer dem Internationalen Institut für afrikanische Kulturen und Sprachen auch die *Notgemeinschaft der Deutschen Wissenschaft* und das *Sächsische Ministerium für Volksbildung*.

Parallel zum aufwendigen Schriftverkehr läuft die praktische Vorbereitung der Expedition. Im Verlauf des Jahres 1930 wird sowohl Spannaus wie auch Stülpner nach eingehender Untersuchung das ärztliche Attest ausgestellt, das deren jeweilige Tropentauglichkeit bescheinigt. Notwendige Impfungen werden durchgeführt, und das Institut für Schiffs- und Tropenkrankheiten in Hamburg wird zur Beratung bei der Frage der Prophylaxe gegen Tropenkrankheiten hinzugezogen.

Ein Reitkurs und ein Schiesskurs sind ebenso Teil der praktischen Vorbereitung wie Exkursionen zum Erlernen der kartographischen Routenaufnahmetechnik und ein Sprachkurs für Englisch und Portugiesisch am Leipziger *Berlitz* Spracheninstitut.

Abb 3: Nach der Krokodiljagd bei Chibabava

In Berlin lässt sich Spannaus in die Bedienung des Phonographs einweisen, um während der Expedition Tonaufnahmen machen zu können.[4]

Reisen nach Frankfurt und Hamburg dienen einerseits dem Besuch von Afrika-Archiven und -Instituten, andererseits der Vervollständigung der Exkursionsausrüstung. Die Dokumentation dieses Teils der Expeditionsvorbereitung ist sehr aufschlussreich. In den Unterlagen finden sich Dutzende von Briefen, Bestellschreiben, Rechnungen und Reklamationen. Es geht um die Buchung der Schiffspassage, den Besuch beim Tropenausstatter, den Inhalt der Reiseapotheke und den Umfang des mitzunehmenden Photomaterials.

Das Eintreffen der 11 Gepäckstücke, die die Expeditionsausrüstung zum Inhalt haben, wird am 2. März von der *Woermann-Linie* in Hamburg bestätigt.

Am 4. März findet die Vertragsunterzeichnung zwischen Otto Reche, dem Vertreter des Staatlichen Forschungsinstitutes für Völkerkunde, auf der einen Seite und Günther Spannaus und Kurt Stülpner, dem Assistenten am Forschungsinstitut und dem wissenschaftlichen Hilfsarbeiter auf der anderen Seite, statt. Neben einem kurzen allgemeinen Teil, der das Forschungsziel beschreibt, wird im Detail auf weitere Punkte eingegangen. Punkt II des Vertrages erläutert die Kostenfrage. Punkt III gibt Auskunft über die Leitung der Expedition. In Punkt IV werden Regelungen für den Krankheits- oder Todesfall eines der beiden Expeditionsteilnehmer getroffen. Punkt V und Punkt VI schließlich klären die Frage der Abrechnung und Ablieferung der Ergebnisse und die der Bearbeitung und Veröffentlichung derselben.

Noch vor der Abreise von Spannaus und Stülpner wird das geplante Unternehmen in unterschiedlich langen Beiträgen in Zeitschriften wie dem *Ethnologischen Anzeiger*, dem *Erdball* und *Africa* vorgestellt.

## Ausrüstung

Das Forschungsinstitut für Völkerkunde stellt Günther Spannaus und Kurt Stülpner für die Dauer ihrer Moçambique-Expedition nachfolgend aufgeführte wissenschaftliche Instrumente, Ausrüstungsgegenstände und Bücher leihweise zur Verfügung:

1 Topographische Instrumente
- ein Danckelmann-Hypsometer mit Ledertasche und Tragriemen, dazu zwei Siedethermometer
- zwei Aneroid-Höhenmesser (Fueß) mit Futteral
- vier Schleuderthermometer (Fueß)
- ein Horizontglas (Fueß) mit Lederfutteral
- ein Messtisch (Wichmann) mit Dreifußstativ, Schutzhülle und Tragriemen
- ein Diopterlineal mit Holzschachtel
- zwei Routen- und Peilkompasse (Wichmann)
- ein Leinenbandmaß mit Gehäuse
- ein Prismenfernglas mit Futteral

2 Photographische Instrumente
- zwei Zeiss Tropenapparate 9x12, Lichtstärke 4,5, mit Stativ und Compurverschluss, mit doppeltem Auszug für Filmpack- und Plattenkassetten
- ein Zeisskinamo, Lichtstärke 2,7
- ein Justophot
- zwei Dunkelsäcke
- Probeentwickler für Kinofilmaufnahmen

3 Anthropologische Ausrüstung
- Fingerabdruckmaterial
- Augenfarbentafel
- Haarfarbentafel
- Hautfarbentafel

4 Waffen
- zwei Pistolen (Mauser) mit Lederfutteral und Reservemagazin
- ein Drilling (Hahn)

5 zwei komplette Wohnzelte mit Sonnensegel und Bodenlaken

6  Bücher und Karten

- Brown, The South East African Yearbook and Guide,
  London 1931
- verschiedene Lehr- und Wörterbücher
  (Englisch, Portugiesisch, Chicaranga)
- Hugershoff, Kartographische Aufnahmen und geogra-
  phische Ortsbestimmungen
- verschiedene Karten der Geographical Section
  1: 2 000 000

Abb. 4: Zeltlager bei Mashovane

Fak. 3:
Rechnung der Firma
Wunder & Günther

Duplikat Schießsporthaus

**Wunder & Günther, / Leipzig**

Büchsenmacherei, Waffen, Munitionen, Jagdutensilien

Girokasse Leipzig
Konto 628
Fernruf 10026

Postscheck-Konto
Leipzig 62140
Universitätsstr. 1

LEIPZIG, den 30. /1.    1931

Rechnung für das Forschungsinstitut für Völkerkunde
For .........................................    Leipzig

|  |  | Netto Kasse |
|---|---|---|
|  | Wir lieferten heute : |  |
| 1 | Mauser-Selbstladepistole |  |
|  | c. 7,65 (gebraucht) Nr.9o782 | 28. — |
| 1 | desgleichen   (fabrikneu)Nr.475987 | 45. — |
| 2 | Lederfutterale mit Leibriemen | 12. — |
| 2 | Reserve-Magazine | 7. — |
| 100 | Patronen cal. 7,65 | 10. — |
| 2 | Bürsten zum reinigen | -. 5o |
|  | RMk. | 102,50 |

255

22

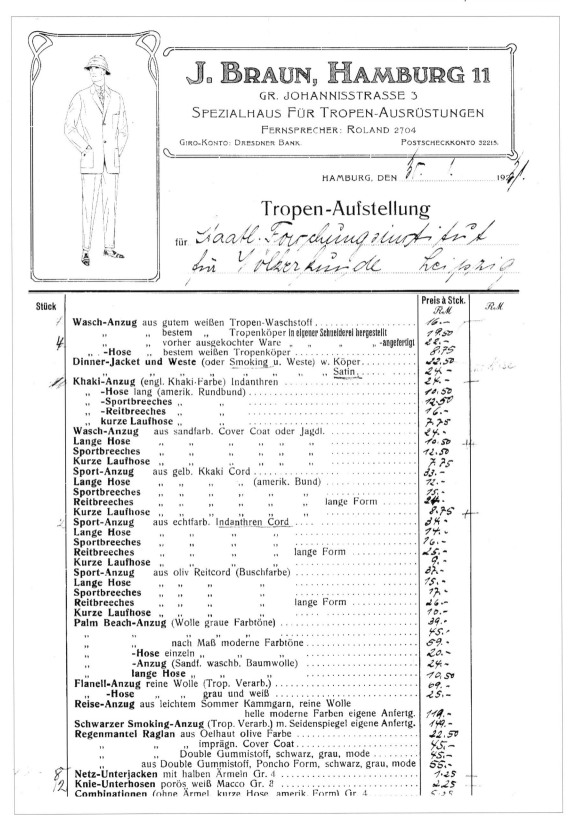

# J. BRAUN, HAMBURG 11

GR. JOHANNISSTRASSE 3

SPEZIALHAUS FÜR TROPEN-AUSRÜSTUNGEN

FERNSPRECHER: ROLAND 2704

GIRO-KONTO: DRESDNER BANK.          POSTSCHECKKONTO 32215.

HAMBURG, DEN          19

## Tropen-Aufstellung

für

| Stück | | Preis à Stck. RM | RM |
|---|---|---|---|
| 1 | **Wasch-Anzug** aus gutem weißen Tropen-Waschstoff .................. | 16.– | |
| 4 | ,, ,, bestem ,, Tropenköper in eigener Schneiderei hergestellt | 19.50 | |
| | ,, ,, vorher ausgekochter Ware ,, ,, ,, ,, -angefertigt | 22.– | |
| | ,, -Hose ,, bestem weißen Tropenköper .................... | 8.75 | |
| | **Dinner-Jacket und Weste** (oder Smoking u. Weste) w. Köper.......... | 22.50 | |
| | ,, ,, ,, ,, ,, ,, Satin.......... | 24.– | -che |
| | **Khaki-Anzug** (engl. Khaki-Farbe) Indanthren ...................... | 24.– | |
| | ,, -Hose lang (amerik. Rundbund) .................... | 10.50 | |
| | ,, -Sportbreeches ,, ,, | 12.50 | |
| | ,, -Reitbreeches ,, ,, | 16.– | |
| | ,, kurze Laufhose ,, ,, | 7.75 | |
| | **Wasch-Anzug** aus sandfarb. Cover Coat oder Jagdl. ......... | 24.– | |
| | **Lange Hose** ,, ,, ,, ,, ,, ,, .......... | 10.50 | |
| | **Sportbreeches** ,, ,, ,, ,, ,, ,, | 12.50 | |
| | **Kurze Laufhose** ,, ,, ,, ,, ,, ,, | 7.75 | |
| | **Sport-Anzug** aus gelb. Kkaki Cord ..................... | 33.– | |
| | **Lange Hose** ,, ,, ,, ,, (amerik. Bund) .......... | 12.– | |
| | **Sportbreeches** ,, ,, ,, ,, | 15.– | |
| | **Reitbreeches** ,, ,, ,, ,, ,, ,, lange Form ...... | 24.– | |
| | **Kurze Laufhose** ,, ,, ,, ,, .................... | 8.75 | |
| 2 | **Sport-Anzug** aus echtfarb. Indanthren Cord .... | 34.– | |
| | **Lange Hose** ,, ,, ,, ,, | 14.– | |
| | **Sportbreeches** ,, ,, ,, ,, | 16.– | |
| | **Reitbreeches** ,, ,, ,, ,, lange Form ...... | 25.– | |
| | **Kurze Laufhose** ,, ,, ,, ,, | 9.– | |
| | **Sport-Anzug** aus oliv Reitcord (Buschfarbe) ......... | 32.– | |
| | **Lange Hose** ,, ,, ,, ,, .......... | 15.– | |
| | **Sportbreeches** ,, ,, ,, ,, | 17.– | |
| | **Reitbreeches** ,, ,, ,, ,, lange Form ...... | 26.– | |
| | **Kurze Laufhose** ,, ,, ,, ,, | 10.– | |
| | **Palm Beach-Anzug** (Wolle graue Farbtöne) ..................... | 39.– | |
| | ,, ,, ,, ,, | 45.– | |
| | ,, ,, nach Maß moderne Farbtöne................... | 59.– | |
| | ,, -Hose einzeln ,, ..................... | 20.– | |
| | ,, -Anzug (Sandf. waschb. Baumwolle) .......... | 24.– | |
| | ,, lange Hose ,, ,, ,, .................... | 10.50 | |
| | **Flanell-Anzug** reine Wolle (Trop. Verarb.) ................... | 69.– | |
| | ,, -Hose ,, grau und weiß ................... | 25.– | |
| | **Reise-Anzug** aus leichtem Sommer Kammgarn, reine Wolle | | |
| | helle moderne Farben eigene Anfertg. | 119.– | |
| | **Schwarzer Smoking-Anzug** (Trop. Verarb.) m. Seidenspiegel eigene Anfertg. | 149.– | |
| | **Regenmantel Raglan** aus Oelhaut olive Farbe ................. | 22.50 | |
| | ,, ,, ,, imprägn. Cover Coat.................... | 45.– | |
| | ,, ,, Double Gummistoff, schwarz, grau, mode ........ | 45.– | |
| | ,, ,, aus Double Gummistoff, Poncho Form, schwarz, grau, mode | 55.– | |
| 8 | **Netz-Unterjacken** mit halben Ärmeln Gr. 4 ..................... | 1.25 | |
| 12 | **Knie-Unterhosen** porös weiß Macco Gr. 8 ..................... | 2.25 | |
| | **Combinationen** (ohne Ärmel, kurze Hose, amerik. Form) Gr. 4 ...... | 5.35 | |

Es ist vertraglich geregelt, dass alle Ausrüstungsgegenstände, bis auf die persönlichen Garderobestücke, Eigentum des Forschungsinstitutes bleiben. Die Expeditionsteilnehmer haben für pflegliche Behandlung der Ausrüstung zu sorgen und – soweit keine unvorhersehbaren Ereignisse eintreten, wie „Unwetter, Trägerstreik etc."– dafür, dass die Instrumente vollständig und „in durchaus gebrauchsfähigem Zustande" wieder zurückgebracht werden.

Die Ausrüstung kommt nach Abschluss der Expedition fast vollständig zurück. Nur einer der Höhenmesser wird unterwegs beschädigt, ein Schleuderthermometer ist zerbrochen, die Dunkelsäcke sind von den Ratten zerfressen, und die Feldbetten haben sich als wenig tauglich erwiesen.

Vor der Rückreise werden nicht mehr gebrauchte Zeltausrüstungsgegenstände und ein Teil der Tropenapotheke gegen Bargeld verkauft.

Das Jagdgewehr bleibt als Gastgeschenk bei Kamba Simango in Gogoya, in dessen Haus Spannaus und Stülpner im September und Oktober 1931 mit größter Gastfreundschaft aufgenommen werden.[5]

## Die Reiseroute

Die Schiffsreise mit dem Dampfer *Ubena* der Deutschen Ost-Afrika-Linie beginnt für die beiden Leipziger Ethnologen am 7. März 1931 in Hamburg. Mit Stops in Rotterdam, Antwerpen, Southampton, Las Palmas, Lobitobay, Walfischbay, Lüderitzbucht, Kapstadt, Port Elizabeth, East London und Durban dauert es mehr als einen Monat, bis Spannaus und Stülpner am 10. April in Lourenço Marques eintreffen.

Nach dreitägigem Aufenthalt geht es weiter nach Beira. Am 23. des Monats reisen die zwei Ethnologen per Bahn

Fak. 5:
Grüsse aus Kapstadt

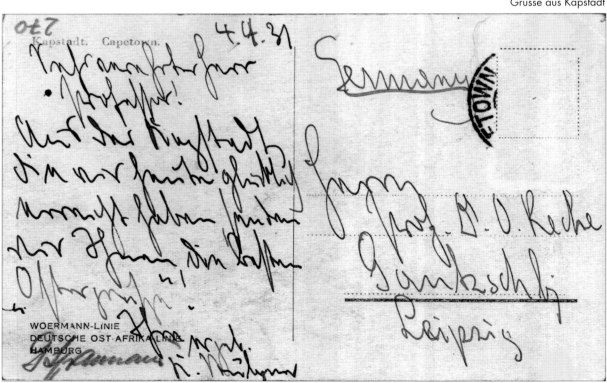

in 22 Stunden nach Salisbury, und nach kurzem Aufenthalt geht ihre Reise am 25. April weiter nach Marandellas. Einkäufe in Umtali und ein Besuch in Chipinga finden statt, bevor sie am 30. April in der Missionsstation der *American Board Mission* von Mount Selinda eintreffen.

Nach vierwöchigem Aufenthalt in Mount Selinda, der hauptsächlich der Sprachvorbereitung dient, geht es am 3. Juni mit dem Auto der Mission nach Masengena am Save.

Abb. 5: Unterwegs mit dem Missionsauto

Abb. 6: Das alte Kommandantenhaus in Masengena

Auf der Routenkarte lässt sich anhand der eingetragenen Daten nachvollziehen, zu welchem Zeitpunkt Spannaus und Stülpner und die für den Fußmarsch durch das Innere des Landes angeheuerten Hilfskräfte sich an welchem Ort befinden.

In den *Erläuterungen zu Konstruktion und Inhalt der Routen-karte der Leipziger Mosambikexpedition 1931*, die 1933 als Sonderdruck der Wissenschaftlichen Veröffentlichungen des Museums für Länderkunde erscheinen, erläutert Günther Spannaus die Vorgehensweise für die Aufzeichnungen der Routenkarte: „Als Grundlage für die Messungen der Wegentfernungen diente die Zeitablesung von der Armbanduhr. Zu Beginn der Fußreise, auf der Wegstrecke von Masengena bis Mambone, wurde noch versucht, kurze Zeitverluste während der häufigen Peilungen (etwa alle 3-6 Minuten) durch schnelleres Gehen auszugleichen. Später wurde dieses Verfahren aufgegeben, jeder Aufenthalt sogleich gestoppt und der Weitermarsch zur Vereinfachung der Rechnung jeweils beim Beginn von vollen Minuten angetreten. Das letzte Verfahren hat sich in der Praxis durchaus bewährt und als außerordentlich zuverlässig erwiesen. Die einzig größeren Differenzen, die sich bei Bearbeitung des Materials ergaben, lagen in der Tat zwischen Masengena und Mambone und konnten mit

Abb. 7: Spannaus verteilt Malzbonbons in Matongwa

26

der zuerst angewandten Technik leicht erklärt werden. Schrittzählungen wurden nur bei steilen An- und Abstiegen, so etwa in der Serra Sitavatonga bei Gogoya, angewandt. Für Stativpeilungen waren in dem durchzogenen, relativ ebenen und einförmigen Tiefland zu wenig Charakterpunkte zu finden. So wurden nur einige wenige Stativpeilungen im Gebirge durchgeführt und, etwa bei Begrenzungen der Serra Sitavatonga nach Süden zu, in der Karte verwertet.

Die Routenaufnahmen wurden während der ganzen Dauer des Marsches durch systematische meteorologische Messungen ergänzt. Regelmässig dreimal täglich erfolgten Ablesungen von zwei Fueß'schen Aneroiden (Nr. 13177 und 13179). Diese Aneroidablesungen wurden in gewissen Zeitabständen durch Messungen mit dem Siedethermometer (Fueß Nr. 3139 und 3033) kontrolliert."

Entlang des Save führt der Weg nach Jofane und weiter bis an die Küste nach Mambone.

Der erste Teil der Fußreise ist beendet, nachdem Spannaus und Stülpner per Motorboot von Mambone über Chiloane und Sofala am 24. Juli in Beira eingetroffen sind. Nach kurzem Aufenthalt geht die Reise über Nova Luzitania nach Chibabava weiter.

In Chibabava treffen sie am 10. August ein und schlagen

Abb. 8: Die portugiesische Station Chibabava

dort für einen längeren Zeitraum ihr Standquartier auf. Mit der Unterstützung des Postenchefs Santa Clara und der indischen Händler der Firma Omar, Ismael & Co können Spannaus und Stülpner hier ihre Sammeltätigkeit weiter verfolgen, ihren notwendigen Proviant für den kommenden Fußmarsch zusammenstellen und Fragen der Verpackung und des weiteren Transportes der Sammlung nach Beira klären.

Am 26. August brechen sie zu ihrer zweiten „Safari", wie sie den Fußmarsch durch Zentralmoçambique nennen, auf. Mutanda und Mutani liegen auf dem Weg zum Save, den sie etwas westlich von Jofane erreichen. Auf mehr östlichem Weg geht es zurück, den Lupembe und den Gorongozi passierend, bis sie am 8. September wieder in Chibabava eintreffen. Nach einer weiteren Woche Aufenthalt geht der Fußmarsch am 15. September weiter nach Gogoya. Dort

Abb. 9: Übernachtungshaus für Europäer in Mossurize

trennen sich die Wege von Spannaus und Stülpner. Während Spannaus für mehr als vier Wochen die Gastfreundschaft des Ehepaars Simango genießt und Kamba Simango als „Hauptgewährsmann" für seine ethnographischen Erkundungen gewinnen kann, reist Stülpner schon nach kurzem Aufenthalt am 25. September nach Mount Selinda weiter, um dort weitere Informationen von Gewährsleuten zu bekommen.

In einem letzten Fußmarsch über die Serra Sitavatonga erreicht Spannaus am 19. Oktober Mount Selinda.
Spannaus und Stülpner halten sich nur noch solange in Mount Selinda auf, wie sie zum Packen benötigen.
Am 22. Oktober machen sie sich per Auto auf den Weg nach Chipinga und besuchen von dort aus die Zimbabwe Ruinen.

Abb. 10: Ochsenvorspann zum Passieren des Save

Am 2. November siedelt Spannaus nach Chikore, einer weiteren Zweigniederlassung der *American Board Mission,* über. Denselben Plan verfolgt Stülpner für Rusitu, was aber nicht realisiert werden kann. So bleibt Stülpner in Melsetter und wartet bis Spannaus am 8. November dort eintrifft. Die schwierige finanzielle Situation veranlasst Stülpner, allein nach Umtali zu reisen, um dort alles Notwendige zu regeln. Am 17. November treten Spannaus und Stülpner von Marandellas aus die Rückreise nach Beira an. Für den 4. Dezember haben sie auf dem Dampfer *Usambara* eine Außenkabine für zwei Personen für die Rückfahrt nach Deutschland reserviert. Nach der einen Monat dauernden Reise – entlang der ostafrikanischen Küste, durch den Suezkanal und das Mittelmeer –, treffen sie in den ersten Januartagen des Jahres 1932 wohlbehalten in Hamburg ein.

## MOUNT SELINDA

Die *American Board Mission* in Mount Selinda, unweit der Staatsgrenze auf südrhodesischem Gebiet gelegen, dient Spannaus und Stülpner als ein Stützpunkt, wohin sie auch Post bekommen können.

Mit zwei Chindaulehrern bereiten sie sich einen Monat lang sprachlich auf ihre Expedition vor. Sie haben täglich zwei Stunden Sprachunterricht und nutzen die Bibliothek der Mission. Nach vier Wochen sind die Beiden reichlich desillusioniert. Sie klagen über das fehlende Interesse und die geringe Unterstützung durch die Missionare. Sehr abfällig äußern sie sich zum Missionsbetrieb und fühlen sich auch finanziell ein Stück weit ausgenutzt.

Nach einem weiteren Monat, den Stülpner im Oktober in Mount Selinda verbringt, ist dessen Erleichterung groß, als Spannaus eintrifft und so der Abschied von einem als bedrückend empfundenen Umfeld naht.

Abb. 11: Spannaus und Stülpner mit ihren Chindaulehrern

# DIE GROSSE SAFARI

Die Informationen, die ein Bild von der Durchführung der „großen Safari" vermitteln, wurden fast ausschließlich aus den Briefen an die Leipziger Institutskollegen gewonnen, aus denen im folgenden zitiert wird. Die Routenbücher liefern, abgesehen von stichwortartigen Eintragungen über Besonderheiten am Wegesrand, wenig Anschauliches zum Ablauf.

Stülpner schildert in seinem ausführlichen Bericht nach Leipzig vom 22.11.31, wie man sich den Tagesablauf der Expeditionsteilnehmer unterwegs vorzustellen hat:

„Mit etwa 15 Trägern, darunter je einem für Wasser und Mehl, sowie den besten Segenswünschen des portugiesischen Chefe de Posto, dem die ganze Sache nicht ganz geheuer vorkam – er war nämlich selbst noch nie im In-

Abb. 13: Pencil und Moyana beim Kochen

unbepackten Europäers Tempo aufzuzwingen und etwa aller Stunden eine Rastpause von 20 Minuten einschob.

Dr. Spannaus konnte sich so ungehinderter am Schlusse der Karawane seiner Aufgabe, der Routenaufnahme unseres Weges, widmen und bildete zugleich eine gute Sicherung gegen bummelnde Nachzügler. [...]

An den Lagerplätzen, an denen ich ja infolge meiner Funktion als Leadman als erster eintraf, fungierte ich dann als Oberkoch, indem ich unserem Boy die Nahrungsmittel bezeichnete und zuwies, die er für uns kochen sollte - was ja nicht sehr schwierig war, da sie sich meist aus Maggisuppe, Huhn, Quäkeroats und Tee zusammensetzten - und ihre Zubereitung überwachte.

Am Schlusslager abends sorgte ich für das Zusammenstellen des Gepäcks und das Aufschlagen des Zeltes, der Feldbetten, -tische und -stühle, am nächsten Morgen für den Abbruch des Lagers und wenn nötig für die Neuverteilung der Lasten. Dr. Spannaus gewann so die nötige Muse, seine Routenaufnahmen noch am selben Tage mit Tusche zu fixieren und täglich dreimal meteorologische Beobachtungen auszuführen.

Diese Trennung der mit der Expedition zusammenhängenden Arbeiten in einen mehr technischen und einen „wissenschaftlichen" Komplex an je einen Expeditionsteilnehmer hat sich als sehr glücklich erwiesen. An Standorten, wo wir uns länger aufhielten, übernahm ich die Sammel-

Abb. 12: Träger auf der grossen Safari

nern gewesen! – zogen wir am Morgen des 26.8. aus Chibabava ab.

Wie gewöhnlich übernahm ich die Spitze, während Dr. Spannaus mit den eingeborenen Soldaten den Schluss bildete. Dieses Verfahren, das wir vom ersten Tag unserer Reisen im Busch anwandten, hat sich sehr gut bewährt. Das Marschtempo und die Länge der einzelnen Etappen wurden so durch mich und nicht durch die Träger bestimmt.[...] Dabei nahm ich natürlich auf die Leute, die ziemlich schwere Lasten trugen, Rücksicht, indem ich vier Mann vor mir marschieren liess um ihnen nicht etwa mein – des

Abb. 14: Träger bei der Mittagsrast

tätigkeit, während Dr. Spannaus sich dem Filmen, Photographieren und Phonographieren widmete. So hatte jeder von uns seine fest umgrenzten Aufgaben, die jedem von selbst im Laufe der Expedition zugefallen waren und ihm ans Herz wuchsen."

Zwischen Mai und Oktober werden so im Landesinnern zwischen 25-30 km in bis zu 9 Stunden Tagesmarsch zurückgelegt. Die Gesamtstrecke, die zurückgelegt wird, beträgt fast 1000 km.

Wie beschwerlich diese Tour streckenweise ist, beschreibt Stülpner: „Am 1.9. gegen Mittag trafen wir in Machavane ein. Gleich nach Mittag machten wir beide uns auf den Weg zum Sabi. Die Wasserrinne lag auf der rechten Seite des Flusses, sodass wir das Vergnügen hatten, das etwa 20 Minuten breite Sandbett in der glühenden Mittagshitze zu durchwaten. Wir waren daher „fast" halbtot, als wir am Flusse selbst anlangten .[...] Das Erreichen des Sabi bildete den Wendepunkt nicht nur für unsere Safari sondern auch für unsere Verköstigung. Denn hier gingen uns Zucker und Milch, Whiskey, Suppenwürfel und Gemüsekonserven aus. Es begann die schreckliche Zeit des dreimal täglich dargebotenen Haferflockenbreies[...]".

## DIE INFORMANTEN

In den *ethnographischen Aufzeichnungen aus dem Tagebuch von Dr. Spannaus* werden der Reihe nach folgende Männer als „Gewährsmänner" aufgezählt:

1. Bede Simango, Chingware's Kraal/Mambone; 30 Jahre alt, Missionslehrer in Gogoya. Hat in Mount Selinda die Schule besucht.

Abb. 15: Bede Simango

2. Vumile Muyambe aus Biyene (Gazaland). Der Vater von Vumile, früher im rhodesisch-portugiesischen Grenzgebiet wohnhaft, ging mit Gungunyana nach Manjakaze.

3. Madlophe Mashawa aus Mudakwe nahe Gogoya.

4. Kamba Simango, Gogoya.

5. Tonge Nkomo, ca. 70 Jahre alt, aus der Nähe von Chikore.

6. Mukwakwami Muyambo, Headman, Bruder des Musikavanhu, ebenfalls ca. 70 Jahre alt, kann kaum noch sehen, aus der Nähe von Chikore.

7. Mr. Posselt, Marandellas.

8. Mr. Nielsen, Chipinga.

9. Musikavanhu, der große Regenmacher.

10. Mutema, oberster Häuptling der Ndau.

Aus den Briefen, die Spannaus und Stülpner an die Leipziger Kollegen schickten, geht hervor, dass sie während ihres dreitägigen Aufenthaltes in Lourenço Marques den „Negerpriester" Tapera Nkomo kennenlernen. „Dieser höchst intelligente Herr hat uns eine ganze Menge wertvolle Hinweise über das Vandaugebiet geben können". Von Stülpner ist bekannt, dass er zusammen mit seinem einstigen Chindaulehrer Mkjam Mhlanga fast einen Monat lang „ ...die Ethnographie seines Volkes [...] betrieb. Es war im allgemeinen nicht so einfach, da der gute Mkjam schon ziemlich in christlichen Auffassungen befangen ist und somit gerade betreffend des geistigen Kulturbesitzes auf den es mir vor allem ankam, nicht mehr viel aus ihm herauszuholen war." Im selben Zeitraum, nämlich vom 25. September an, betreibt Spannaus seine ethnographischen Studien mit Kamba Simango zusammen in Gogoya. Kamba Simango wird in einem Brief vom 28. September als „Hauptgewährsmann" bezeichnet. Die Intelligenz, die guten Umgangsformen und die Gastfreundschaft des Ehepaars Simango gegenüber den Leipziger Kollegen werden wiederholt in den höchsten Tönen gelobt. Spannaus bedauert in einem Brief an Simango, den er am 24. Oktober in Chipinga schreibt, sehr, dass er vergessen konnte, ein Foto von der Familie Simango aufzunehmen. In einem Antwortbrief zwei Tage darauf schickt Christine Simango Spannaus zwei Schnappschüsse, die sie aufnahm, als auch Stülpner noch in Gogoya anwesend war.

Im Brief vom 28. September äußert sich Spannaus wie folgt über die Arbeit mit Informanten: „Inzwischen hat auch das gründliche mehrmalige Ausforschen der Eingeborenen nach ihrer geistigen und materiellen Kultur schon recht ansehliches und wertvolles Material zusammengebracht".[6]

## DIE SAMMLUNG

Ursprünglich war vorgesehen, dass Spannaus und Stülpner ihre Sammlung in Moçambique möglichst so anlegen sollten, daß es nach der Rückkehr ohne Weiteres möglich wäre, mehrere kleinere Sammlungen zusammenzustellen, die an bereits kontaktierte Völkerkundemuseen verkauft werden könnten. Damit sollte ein Teil der Kosten für die Expedition abgedeckt werden.

Um die Kosten für den Ankauf so gering wie möglich zu halten, wurden während der Vorbereitungszeit eine Reihe von Firmen mit der Bitte angeschrieben, Tauschartikel für das Unternehmen der Moçambique-Expedition zu stiften. Zwei Firmen aus Hohenlimburg stellten jeweils einen Ballen Blaudrucke und einen Ballen Messinglitze gegen die Aussicht zur Verfügung, in einer späteren wissenschaftlichen Veröffentlichung als Sponsoren Erwähnung zu finden. Bei *MEIKLES*, einem Kaufhaus im südrhodesischen Umtali, dem heutigen Mutare, wurden Parfümproben, Nähnadeln, Spiegel, Kämme, Seife, Salz, Zigaretten und andere Kleinartikel besorgt, um sie gegen Ethnographica eintauschen zu können.

Mit der Unterstützung der portugiesischen Postenchefs gelang es Spannaus und Stülpner, die Bevölkerung in Orten, an denen sie sich länger aufhielten, von ihrem Interesse am Ankauf oder Tausch von Alltagsgegenständen aller Art zu informieren. Es liegen uns keine Aussagen darüber vor, nach welchen Kriterien Spannaus und Stülpner ihre Sammlung zusammengestellt haben. In den Unterlagen findet

Abb. 16: Rast auf der Safari Masengena-Mambone

sich ein „Sonderabdruck" aus dem Buch *Anleitung zum Ethnologischen Beobachten und Sammeln*. Außerdem führen die beiden Ethnologen Otto Reches *Fragebogen*, der in Hamburg 1910 erschienen ist, im Expeditionsgepäck mit.

In den Briefen, die Spannaus und Stülpner an ihre Institutskollegen in Leipzig schicken, finden sich verstreut Hinweise auf die Mühen und den Erfolg bei der Zusammenstellung der Sammlung. Stülpner beschreibt in einem Brief vom 22.11.31 das Zusammentreffen mit Regulo Hode im August und Tauschverhandlungen in der Region folgendermaßen: „Wir überreichten ihm als Geschenk eine unserer

P.O. BOX 99 UMTALI, RHODESIA 27-4-1931

Dr Spannaus and Steulpner

BOUGHT OF MEIKLES (UMTALI) Ltd.

DIRECT IMPORTERS

| | | | |
|---|---|---|---|
| Twine 2 med 2 Thick 3/- 7/4 | | 7 | 6 |
| 1doz 1 ~~Para~~ Petrol 3/11 | 2 | 7 | - |
| 2 gal Methylated Spirits | | 14 | - |
| 1 gross matches | | 7 | - |
| 1 c/s Candles mining | 1 | 4 | - |
| ~~Soap~~ | | | |
| 10 lb Fine Salt | | 2 | - |
| 20 lb ~~Flour~~ " – | | 1 | 8 |
| 1/4 Pepper | | 1 | 1 |
| 10 lb Sugar | | 2 | 6 |
| 1 x 3 ~~Rio~~ Tea mag | | 10 | 3 |
| 2 x 1/2 Pt olive oil | | 6 | - |
| 1 c/s Cond milk | 1 | 5 | - |
| 2 doz Q Oats 15/6 | 1 | 11 | - |
| ~~10 lb Butter Fat~~ | | | |
| Ordered by 4 x 2s Lard | | 12 | - |
| 7,81 | £ 10 | 1 | - |

When referring to this Invoice please give both numbers

Terms: 10 per cent. 10th prox.; 10 per cent. Interest charged on Overdue Accounts

JAMSON PARAGON CAPE TOWN & JOHANNESBURG

Rechnung von Fa. Meikles, 27.4.31 168

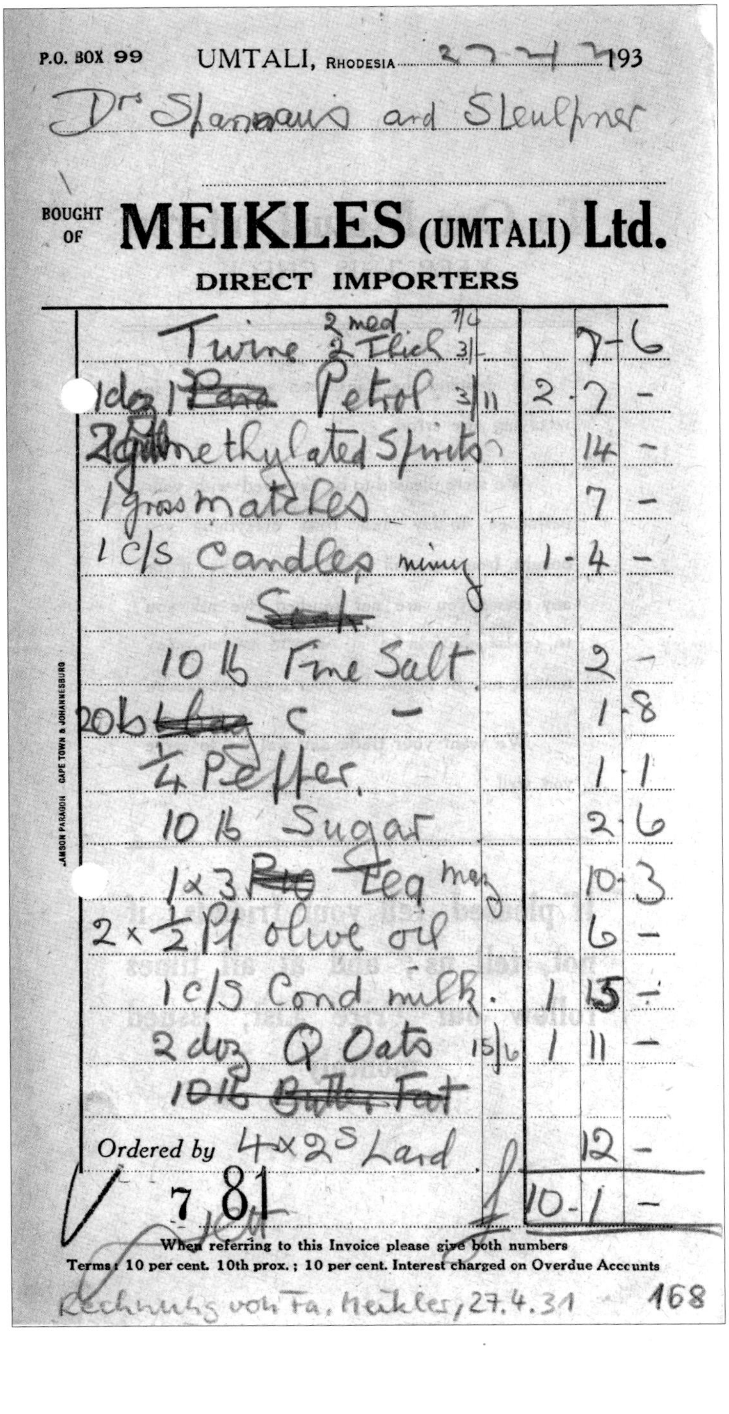

Fak. 6: Rechnung von MEIKLES

Abb. 17: Beim Tausch von Ethnographica in Jofane

Abb. 18: Ndaufrauen beim Anbieten von Ethnographica in Chindana

Tauschdecken, die wohlgefällig entgegengenommen wurde. Wir erhielten das übliche Huhn und Mehl; beides musste natürlich bezahlt werden.[...] Dieser Standpunkt begegnete mir sehr oft beim Eintauschen von Ethnographica. Da erschien dann irgendeine alte Mutter mit einem noch älteren ganz gewöhnlichen, stark abgenutzten hölzernen Kochlöffel. Unodenyi? (Was willst Du dafür?) und die Antwort unweigerlich: Branket: ngokuti jira (eine Decke oder Baumwollstoff). Ich: tikona (Kommt gar nicht in Frage). Und die Alte: U ri mulungu, ndi ri mutema! (Du bist ja doch ein Weisser und ich eine arme Schwarze. Wie kannst Du daher mehr von mir verlangen!)".

In einem Brief vom 28.9.31 stellt Spannaus die Situation in derselben Region etwas anders dar: „Während Stülpner die herangebrachten Gegenstände erhandelte, habe ich inventarisiert und photographiert und die Dörfer zu Fuß und per Fahrrad abgesucht, was alles in den Hütten steckte; erfahrungsgemäß bringen die Leute selbst ja kaum ein Drittel der Sachen, weil sie sie für viel zu wertlos halten, als daß ein „Muzungu" sich damit abgeben könnte."

Während der Vorbereitung der Expedition holt sich Spannaus unter anderem Rat bei Adolf E. Jensen, der im Auftrag des Instituts für Kulturmorphologie e.V. in Frankfurt selbst schon auf Reisen im südlichen Afrika war. Zur Frage der Behandlung einer anzulegenden Sammlung gibt Jensen folgendes zu bedenken:

„An eine Verpackung der Sammlung an der Stelle des Kaufes ist natürlich nie zu denken. Ich habe aber die besten Erfahrungen gemacht in der Behandlung der Gegenstände durch die Träger. Fast alle Beschädigungen sind erst durch den Eisenbahntransport entstanden. Solange die Träger die Sachen in Händen hatten, ist eigentlich nichts passiert. Sie schnallen sich selbst aus den heterogensten Formen eine Last zusammen; Sie können auch ganz getrost Kolonnen von Trägern allein zurückschicken zur ersten Stelle, wo Sie Gelegenheit haben, die Sachen zu verpacken. Sie liefern alles ordnungsgemäß ab und kommen dann wieder.[...] Auch habe ich oft aufgekaufte Sachen unterwegs unter der Obhut eines Dorfältesten zurückgelassen und habe nur gute Erfahrungen gemacht."

Abb. 19: Stülpner und Kombo auf der Veranda in Masengena

In Beira war G. Janssen mit dem Versand der Sammlung beschäftigt. In verschiedenen Briefen hält der General-Agent der Firma Woermann Spannaus auf dem Laufenden, wieviele Kisten und Pakete mit Sammlungsgegenständen aus dem Landesinnern schon in seinem Lager eingetroffen sind. In einem Brief nach Mount Selinda teilt er Spannaus seine Zweifel mit, „ob die Sachen in der Verpackung, wie sie hier angekommen sind, verschifft werden koennen oder nicht". Im Oktober 1931 liegt der große Teil der nach Deutschland zu verschiffenden Sammlung vor. Janssen bittet nun darum, dass entweder Spannaus oder Stülpner baldigst nach Beira komme, um „das Noetige fuer Verpackung und Verschiffung" zu erledigen.

Mittlerweile liegt die Erlaubnis des Gouverneurs der Companhia de Moçambique zur zollfreien Ausfuhr der Gegenstände vor.

Die fast 1 600 Einzelteile werden in 54 Kolli per Seefracht von Beira nach Hamburg geschickt und treffen dort schon im Januar 1932 ein. Laut Mitteilung vom 3. November 1931 werden neben geschlossenen Kisten auch Bündel mit Speeren, Stampfern, Zebrafell und Türschwellen auf den Dampfer *Wangoni* geladen. Auf der Liste findet sich außerdem ein „Einbaum mit Inhalt", wie auch „3 Kolli Baumstammtreppen". In der Endabrechnung fallen die Positionen für den Ankauf von Ethnographica als Einzelposition niemals höher aus als 5.10 RM, das Verpacken und der Transport machen ein Vielfaches dieses Betrages aus. Für Seefracht, Kaigebühren und Bahn- und Zollpapiere stellt die *Deutsche Ostafrika Linie* dem Staatlichen Forschungsinstitut für Völkerkunde 561 75 RM in Rechnung. Der Anschaffungswert der Sammlung wird mit 2 000 - 3 000 RM angegeben.[7]

In dem Brief, den Stülpner am 22.11.31 aus Beira an das Institut schreibt, geht er auf den Zustand der in Beira lagernden Ethnographica ein:

„Die hier zurückgebliebenen Kolli befanden sich leider in sehr jämmerlichem Zustande. Trotz mehrfach ausgesprochener Bitte hatte man es nicht für nötig gefunden, sie mit Mottenpulver oder dergleichen gegen Insekten zu schüt-

zen. Die eine Kiste, die wir umpacken mussten, wimmelte geradezu von Käfern, Ameisen und anderem Getier, die auch schon an etlichen Gegenständen Schaden angerichtet hatten. Ich habe deshalb die grössten Besorgnisse bezüglich der schon abgegangenen Kolli. Es wäre am besten, sie sofort nach Ankunft in Leipzig auszupacken und tüchtig einzumotten. Bruchstücke von Töpfen und anderen Ethnographica möchten auf jeden Fall bis zu unserer Rückkehr aufgehoben werden, mit einigem Geschick lässt sich ja noch vieles reparieren."

In Leipzig werden die Sammlungsgegenstände dann, so wie sie ausgepackt wurden, in Schränke verstaut. Das weitere Vorgehen beschreibt Stülpner so: „Sie wurden jetzt nochmals ausgebreitet, nach den einzelnen Stämmen und innerhalb dieser nach Sachgruppen geordnet, anhand des während der Expedition aufgenommenen Verzeichnisses nachgeprüft, neu numeriert und in ein neues Verzeichnis aufgenommen, das 1582 Nummern auf 22 Quartseiten umfasst und nun die einzelnen Gegenstände systematisch geordnet und durchlaufend numeriert aufführt".

Im Januar 1933 ist die Sammlung verkaufsfertig geordnet. Im Auftrag Reches werden Schreiben an sämtliche in Frage kommenden Direktoren von Völkerkundemuseen aufgesetzt. Reche weist darauf hin, dass noch nie zuvor ein Ethnologe in das betreffende Gebiet eine Einreiseerlaubnis erhalten habe und damit „das Material völlig neu und [...] bei der Lage der Verhältnisse in Mozambique, in absehbarer Zeit wohl kaum ähnlich zu beschaffen sein" werde. Der Durchschnittspreis pro Stück wird auf 10 RM festgesetzt.

Die angeschriebenen Direktoren, darunter Thilenius aus Hamburg, Schauinsland aus Bremen und Speiser aus Basel, bedanken sich umgehend für die Zusendung der Doubletten-Listen. Ohne Ausnahme und immer mit dem Hinweis auf die schwierigen Zeiten müssen sie aber von einem Ankauf absehen.

## FINANZEN

Im Vertrag vom 4.3.31 wurde zugesichert, daß das Forschungsinstitut die Kosten der Expedition bis zu einer Gesamthöhe von 18 000 RM trage. Mit diesem Betrag mussten die Ausgaben für Ausrüstung, Hin- und Rückreise, Anschaffung der Sammlung und der Unterhalt der Expeditionsteilnehmer und sämtlicher Hilfskräfte bestritten werden. Otto Reche hofft auf finanzielle Unterstützung von verschiedenen Institutionen. Als diese über Wochen hinweg nicht eintreffen, kann er den Herren Spannaus und Stülpner, die sich schon an Bord der *Ubena* befinden, am 19. März nur mitteilen: „An Neuigkeiten wäre nur zu berichten, daß das Forschungsinstitut jetzt einen schönen Berg Schulden hat [...] und die Staatsgelder für den Etat 1930 wollen immer noch nicht kommen".

Zu einem späteren Zeitpunkt gibt es aus verschiedenen Quellen doch noch Zuschüsse, wie zum Beispiel die 2 500 RM, die die *Notgemeinschaft der Deutschen Wissenschaft* im April 1931 zur Verfügung stellt. Auch das *Sächsische Ministerium für Volksbildung* bewilligt zu verschiedenen Zeitpunkten Reise- und Transportbeihilfen in Höhe von insgesamt mindestens 5 100 RM.

Im September 1931 appelliert Reche an den Oberbürgermeister der Stadt Leipzig, Gördeler, dem Staatlichen Forschungsinstitut für Völkerkunde den bis dahin zugestandenen Zuschuss nicht länger zurückzuhalten. Er weist auf die schwierige Situation für Spannaus und Stülpner hin und beantragt dringend 3 000 RM aus dem Etat 1931/1933. Eine weiteres Problem ergibt sich aus der schwierigen Beschaffung von Devisen. Durch die gesamte Korrespondenz ziehen sich die Berichte über die nicht erfolgte Geldüberweisung, über Schwierigkeiten, rechtzeitig wieder Bargeld zu bekommen, über die verschiedenen Möglichkeiten, Geld auszuborgen und immer wieder die Appelle: „Bitte sofort Geld überweisen!"

Bei der Endabrechnung werden Ausgaben in einer Gesamthöhe von 10 280 76 RM geltend gemacht.

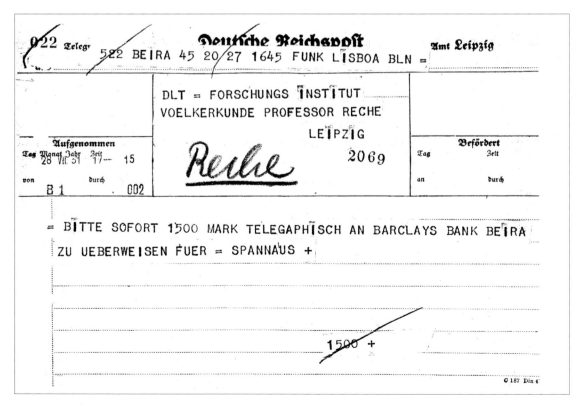

Fak. 7:
Telegramm an das
Forschungsinstitut

## DIE RÜCKKEHR

Wenige Tage vor Antritt der Rückreise schreibt Spannaus einen letzten Brief aus Beira an Otto Reche.

Er äußert die Bitte, für die Zeit nach ihrer Ankunft, Kurt Stülpner einen einmonatigen Erholungsurlaub zu finanzieren. Er selbst möchte am 1. Februar 1932 wieder seinen Dienst im Institut antreten.

In den folgenden Wochen werden im Namen des Direktors des Staatlichen Forschungsinstituts für Völkerkunde Dankschreiben an Konsulate, Verwaltungsstellen, Institutionen und viele Einzelpersonen formuliert.

Regionale und überregionale Zeitungen berichten von Günther Spannaus und Kurt Stülpners erfolgreicher Rückkehr aus Moçambique.

Das *Internationale Institut für Afrikanische Sprachen und Kulturen* spricht den Heimkehrern seine Glückwünsche aus und bittet um einen Artikel für die Zeitung *Africa*.

Die Firma *Photo-Rohr* in Leipzig übernimmt sämtliche Photoarbeiten. Von einem Teil der Expeditionsphotos werden Dias angefertigt. Beginnend im Herbst 1932, zeigen Günther Spannaus und Kurt Stülpner diese Dias in Verbindung mit Vorträgen vor unterschiedlichstem Publikum in Leipzig, Meißen, Göttingen und weiteren Städten.

Im Jahr 1933 kann dann die inzwischen gedruckte Routenkarte an Einzelpersonen, die die Expedition unterstützt haben und Institutionen in Deutschland, Portugal und Moçambique überreicht werden.

Fak. 8:
Neue Leipziger Zeitung,
Donnerstag, den 11. Februar 1932

## Die Leipziger Moçambique-Expedition
### Rückkehr mit wichtigem Material

Die Mocambique-Expedition des Staatlich-Sächsischen Forschungsinstituts für Völkerkunde zu Leipzig (Direktor Prof. Dr. O. Reche) kehrte aus ihrem afrikanischen Arbeitsgebiet nach Deutschland zurück.

Trotz der katastrophalen Entwicklung der Finanzverhältnisse in Deutschland während des letzten Jahres und trotz der auch in Südafrika mit dem Fallen des englischen Pfundes einsetzenden Geldunsicherheit konnten im wesentlichen die Hauptaufgaben der Expedition-Erforschung der bislang noch recht wenig bekannten Stammesgruppen der Bahlengwe und der Vandau sowie der Vadanda und Mashangani — in zehnmonatiger Arbeit erfolgreich zu Ende geführt werden. Die erwähnten Stammesgruppen wohnen zum größten Teil in dem von der weißen Kultur noch kaum berührten Gebiet zwischen Buzi und Sabi (Save) in portugiesisch Ostafrika und nur zu einem kleinen Teile in den Gebirgsgebieten des benachbarten Süd-Rhodesien, das seiner besseren Siedlungs- und Wirtschaftsmöglichkeiten wegen von der Europäisierung schon stärker betroffen ist.

Eine ihrer Vollständigkeit wegen besonders wertvolle völkerkundliche Sammlung, zahlreiche Photos und Filme, Gesangsaufnahmen (Phonos), zirka 900 Kilometer Routenkarten aus dem noch wenig bekannten Inneren, sowie handschriftliche Aufzeichnungen zu einer umfassenden völkerkundlichen Monographie über das genannte Gebiet konnten als wissenschaftliche Ausbeute heimgebracht werden.

# Auch Neger haben Steuersorgen

## Ein interessanter Vortrag
### in der Kolonialgesellschaft über Mosambik

Europäer neigen leicht dazu, von der Höhe unserer technischen Errungenschaften ein wenig mitleidig auf die Kultur der primitiven Völker herabzusehen. Aber die Kultur dieser Naturvölker ist keineswegs so rückständig. Den Beweis dafür erbrachte ein äußerst interessanter Vortrag, den W. Spannaus am Freitag abend von der deutschen Kolonialgesellschaft, Abteilung Leipzig, in der Handelshochschule hielt.

Dr. Spannaus sprach über das wenig erforschte Gebiet von Mosambik in Portugiesisch-Ostafrika. Er hat im Auftrage des Völkerkundlichen Instituts in Leipzig im Jahre 1931 eine Expedition dahin unternommen. An Hand einer reichen Auswahl von Lichtbildern machte er die Hörer mit der materiellen und geistigen Kultur dieses Landes vertraut, die Einflüsse der modernen Zivilisation wurden deutlich sichtbar; in den Küstengebieten treten Inder als Händler auf und bringen europäische Kleider ins Land, im Innern stehen moderne, portugiesische Missionshäuser. Daneben ist die eigene alte Kultur in weitem Umfange erhalten geblieben. Erstaunlich, wie weit die alte Wohnkultur praktisch und hygienisch ist. Die größeren Häuser im Küstengebiet haben fünf Räume, von denen einer sogar ein Gastzimmer ist. Neben dem Hause steht eine besondere Badezelle. Die Töpferei steht auf hoher Stufe und kann sich wohl mit der europäischen messen. Dr. Spannaus machte den Hörern eine besondere Freude, als er ihnen einige Melodien auf einem „Negerklavier" vorspielt. Dieses uralte Instrument gestattet wie unser Klavier den Vortrag mehrstimmiger Melodien. Die Melodien sind, wie bei allen Naturvölkern auf der fünftönigen Ganztonleiter (Pentatonik) aufgebaut.

Fremde Kultureinflüsse zeigen die sonderbaren, riesigen Ruinen, deren Ursprung 1000 Jahre zurückliegt und deren Zweck noch nicht ganz aufgeklärt ist. Aus diesen Bauten und auch aus den zwei Rasseelementen, die hier nebeneinander bestehen (Negertypen und nordafrikanischer Typ) lassen sich die Einflüsse Arabiens, die etwa im 9. Jahrhundert wirksam waren, nachweisen.

Dr. Spannaus berichtete dann von dem großen Bildungstrieb der Neger, der eben leicht zu einer unartgemäßen Europäisierung und zu einer vollständigen Arbeitsscheu führt. Interessant waren die Hinweise, daß bei gemeinsamer Erziehung die Neger bis zur Pubertät geistig mit den Weißen Schritt halten, dann aber weit zurückbleiben.

Daß auch die Neger Steuersorgen haben, das zeigte ein kleines Beispiel: die Expedition von Dr. Spannaus begegnete in einem Dorf einer Schar von etwa 40 Frauen, die von einem Soldaten bewacht wurden. Ihre Männer hatten ihre nicht unbeträchtlichen Steuern (etwa 40 Mark in barem Geld) nicht bezahlt und dafür waren dann die Frauen bis zur Bezahlung konfisziert worden.

Der Vortrag wurde von den sehr zahlreich erschienenen Zuhörern begeistert aufgenommen.

# Leipziger Ethnographen in Portugiesisch-Ostafrika

In der Deutschen Kolonialgesellschaft, Abteilung Leipzig, hielt Dr. Günther Spannaus einen sehr fesselnden Vortrag „Im Trockenbusch von Mosambik", in dem er über seine im Auftrage des Staatlichen Forschungsinstituts für Völkerkunde zu Leipzig im Jahre 1931 zusammen mit Dr. Kurt Stülpner unternommene Reise nach Portugiesisch-Ostafrika sprach. Für die Weltwirtschaft nicht allzu wichtige Gebiete seien für die Völkerkunde um so aufschlußreicher, und so habe die Reise gute Ergebnisse gebracht. Unerläßlich sei die Kenntnis der Eingeborenensprachen für den Völkerkundler. Der Redner führte einige der in den südafrikanischen Sprachen vorkommenden Schnalzlaute vor. Die Landschaft, die zunächst geschildert wurde, zeige in etwa 1200—1500 Meter Höhe ein durchaus afrikanisches Bild. Dr. Spannaus gab zunächst ein aufschlußreiches Bild des materiellen Kulturbesitzes der Negerstämme, die er aufgesucht hatte, und deren rassische Merkmale besonders aufgezeigt wurden. Nordafrikanische und Bantu-Elemente gehen ineinander über. In Wort und Lichtbild gab der Redner weiter einen Ueberblick über die Tracht und die Kindertrageriten, zeigte Kinderspielzeuge. Interessant waren die Ausführungen über das Problem der Negerbildung, die bei dem Bildungshunger zu einem ungeheuren Dünkel und zur Arbeitsunlust bei denjenigen Negern geführt hätten, die die Schule besucht hätten. Bei der Frage, inwieweit man europäisches Bildungsgut fremden Rassen überhaupt übermitteln solle, könne man sich den Standpunkt zu eigen machen, der u. a. von der Leipziger Mission vertreten werde: es sei besser, durch die Schule einen besseren Schwarzen zu machen, aber kein Zerrbild eines Europäers zu liefern. Wohn- und Wirtschaftsformen, Waffen und Fischfang wurden fernerhin erörtert. Endlich kam der Redner noch auf die geistige Kultur zu sprechen. In den Resten der Ruinen von Simbabwe könne man das alte Ophir vermuten. Abschließend streifte Dr. Spannaus die Musik und spielte selbst Originalmelodien auf einer „Negerklimper" vor. Der Vortrag fand großen Beifall. — Vor dem Vortrag hatte die Hauptversammlung stattgefunden, in der Jahres- und Kassenbericht erstattet worden. Zum Abteilungsleiter wurde Professor Dr. Noeßger, der langjährige Vorsitzende, bestimmt, der nun seine Mitarbeiter ernennen wird.

## Anmerkungen:

[1] Im vorliegenden Text wird die portugiesische Schreibweise für die Länderbezeichnung gewählt. In Zitaten kommen aber auch die deutsche und die englische Schreibweise vor. Entsprechend wird mit Flüssen, Orten etc. verfahren. Im Anhang befindet sich eine Liste der kolonialen Ortsbezeichnungen und ihrer Entsprechungen nach der Unabhängigkeit.

[2] Der Stamm der Ba-Njao lebt in der Umgebung von Beira und bevölkert eine Region südlich, westlich und nördlich dieser Stadt zwischen dem 22. und dem 19. Breitengrad, entlang dem Buzi bis zum Save im Süden.
Er ist bisher sehr wenig bekannt. Die amerikanischen Missionare in Mount Selinda in Südrhodesien nahe der portugiesischen Grenze haben begonnen, die Sprache der Ba-Njao , die der Sprache der Bantu im Zentrum ähnlich ist, zu entschlüsseln, sie unterscheidet sich vom Thonga, aber ähnelt dem Kalanga und dem Venda. Ich habe Gründe zu glauben, daß eine wissenschaftliche Erforschung dieser Gruppe sehr nützlich wäre und uns  viel neues Wissen über die Bantu brächte.

[3] Die *Companhia de Moçambique* wurde 1891 gegründet und umfasste das Territorium der heutigen Provinzen Manica und Sofala. Der Gesellschaft wurden weitgehende Rechte, wie Steuer- und Gerichtshoheit, überlassen, um diesen Teil der Kolonie selbst gewinnbringend zu nutzen.
Im Gegenzug verpflichtete sich die Gesellschaft, die Verkehrswege auszubauen, das Land zu verwalten und europäischen Siedlern Land zu überlassen.

[4] Zur Geschichte des Berliner Phonogrammarchivs, vgl. Ziegler 1995

[5] Kamba Simango war als junger Student in New York Informant von Franz Boas.
Die Beiträge von Franz Boas, *Ethnographische Bemerkungen über die Vandau* und *Das Verwandtschaftssystem der Vandau*, erschienen 1923 und 1922 in der *Zeitschrift für Ethnologie*. Vgl. Beitrag von Mario Pinto de Andrade *Proto-Nacionalismo em Moçambique. Um Estudo de Caso: Kamba Simango (c.1890-1967)* in: *Arquivo, Maputo 1989.*

[6] Nur an einer Stelle, nach der Rückkehr aus Moçambique, äußert sich Spannaus in einem Brief an Junod Jr. zu den Informationen, die die beiden Ethnologen aufgrund der beschränkten Reisezeit nicht bekommen konnten.

[7] In weiteren 12 Frachtstücken, die am 4. Dezember zusammen mit Spannaus und Stülpner auf die *Usambara* kommen, befinden sich neben persönlichen und Ausrüstungsgegenständen auch letzte Stücke für die Sammlung.

## Archive:

IEUL    Archiv des Instituts für Ethnologie der Universität Leipzig
UAL     Universitätsarchiv Leipzig
UAG     Universitätsarchiv Göttingen

## Literatur:

Borges Coelho, João Paulo (Editor)
1989   Arquivo. Boletim Semestral do Arquivo Histórico de Moçambique. No. 6. Maputo.

Fialho Feliciano, José
1998   Antropologia Económica dos Thonga do Sul de Moçambique. Maputo: Arquivo Histórico de Moçambique.

Harries, Patrick
1994   Work, Culture and Identity: Migrant Laborers in Mozambique and South Africa, c. 1860-1910. Portsmouth: Heinemann.

Hedges, David (Coord.)
1993   História de Moçambique. Vol. 3. Maputo: Departamento de História - Faculdade de Letras, UEM.

Junod, Henri A.
1996   Usos e Costumes dos Bantu. Tomo I,II. Maputo: Arquivo Histórico de Moçambique.

Newitt, Malynn
1995   A History of Mozambique. London:  Hurst & Company.

Nogueira da Costa, Inês
1993   Inventário do Fundo „Companhia de Moçambique" 1892-1942. Vol.1, 2. Maputo: Faculdade de Letras, UEM.

Schicho, Walter
1999   Handbuch Afrika. Band 1. Darin: Moçambique. Frankfurt: Brandes & Apsel.

Ziegler, Susanne
1995   Die Walzensammlungen des ehemaligen Berliner Phonogramm-Archivs – Erste Bestandsaufnahme nach der Rückkehr der Sammlungen 1991. In: Baessler-Archiv N.F. Bd. XLIII Heft 1, S. 1 - 34, Berlin.

# STREIFLICHTER AUS DEM LEBEN DER NDAU UND HLENGWE NACH DEN NOTIZEN VON SPANNAUS UND STÜLPNER *Giselher Blesse*

## VORBEMERKUNGEN

Die nachfolgende Darstellung beinhaltet lediglich einige ausgewählte Aspekte der insgesamt sehr komplexen Kultur und Lebensweise der Ndau und Hlengwe Zentralmoçambiques.

Sie fußt im Wesentlichen auf dem Material, das Spannaus und Stülpner zur Ethnographie beider Völker zusammentrugen, sei es durch eigene Beobachtung und die Befragung von Gewährsleuten im Verlaufe der Expedition, sei es durch die anschließende Auswertung publizierter Quellen anderer Autoren in Vorbereitung der vorgesehenen Veröffentlichung der Expeditionsergebnisse in monographischer Form.

Da aber letztendlich nur ein Bruchteil dieser Ergebnisse durch Günther Spannaus veröffentlicht wurde,[1] musste für die vorliegende Arbeit in erster Linie auf maschinenschriftlich angefertigte Manuskripte,[2] Tagebuchaufzeichnungen[3] und ähnliche Ausarbeitungen[4] zurückgegriffen werden. Verglichen mit dem insgesamt vorliegenden und noch der Publikation harrenden Material, können die „Streiflichter" nur als bescheidener Versuch einer ausschnittsweisen Darstellung ethnographischer Sachverhalte zum besseren Verständnis der in der Ausstellung präsentierten traditionellen und zum Teil bereits kolonialzeitlich geprägten materiellen und geistigen Kultur der Ndau und Hlengwe gelten.

## LAND UND LEUTE ZWISCHEN SAVE UND BUZI[5]

Das von der Expedition bereiste Gebiet zwischen den Flüssen Buzi im Norden und Save im Süden zerfällt in die Küstenebene am Indischen Ozean, das Tiefland im Inneren und das Gebirgsland im damals portugiesisch-rhodesischen Grenzgebiet im Westen Moçambiques mit Höhen zwischen 300 und 1 100 Metern.

Wirkt auch das innere Tiefland, abgesehen von den tiefen Einsenkungen der Flusstäler und einem Steilabfall am Save (Abb. 20) vollkommen eben, so ist der Übergang von diesem Tiefland zum Hochland des Grenzgebietes sehr schroff. Der Ostrand der Serra Sitavatonga ragt fast unvermittelt aus der Tiefebene auf und wirkt von weitem wie eine ge-

Abb. 20:
Savetal mit Serra
de Inhambane bei Jofane

waltige Mauer. Ein weiteres bedeutendes Hochland bildet das Spungabera-Massiv.

Das Klima in dieser Region ist noch nahezu tropisch. Während der von etwa November bis April andauernden Regenzeit werden dem Land große Regenmengen zugeführt, die sich vor allem im Grenzgebirge niederschlagen. Im Tiefland bilden sich dann überall große Seen und Überschwemmungsgebiete, in denen sich das Wasser bis weit in die ebenfalls etwa ein halbes Jahr andauernde Trockenzeit hinein hält. Im Tiefland stehen sich extreme Trockenheit im (südlichen) Winter und ebenso extreme Feuchtigkeit im Sommer schroff gegenüber.

Der großen Dreiteilung der Landschaft entspricht eine der Vegetation, wobei aber insgesamt lichte Baumgrassteppe oder lichter Wald vorherrschen (Abb. 23), während undurchdringlich dichte Buschvegetation selten ist.

Von den zahlreichen Flüssen sind nur der Save und Buzi ständig, wenn auch stark schwankend, wasserführend und dementsprechend durch Galeriewaldstreifen gesäumt.

Grün umrandet sind auch Trockenseen - flache Bodenmulden, deren Wasser von Niederschlägen oder steigendem Grundwasser herrührt (Abb. 21).

Das gesamte Gebiet wird von zwei großen Stammesgruppen[6] bewohnt, den Ndau und den Hlengwe. Beide gehören sprachlich zur Shona-Thonga-Gruppe, wobei die Ndau den Shona nahestehen, während die Hlengwe den Thonga verwandt sind. Die Untergruppen der Ndau sprechen lediglich verschiedene Dialekte. Dagegen unterscheidet sich die Sprache der Thonga von den Ndau-Dialekten so sehr, dass eine gegenseitige Verständigung nicht ohne weiteres möglich ist.

Die Grenze zwischen den Ndau und Hlengwe war schon 1931 keineswegs mehr scharf, vielmehr hatte sich in der Kontaktzone der beiden Völkerschaften ein ausgedehntes Gebiet herausgebildet, in dem Ndau- und Hlengwe-Siedlungen gemischt vorkamen. Die Völkerscheide verlief im Ganzen etwas nördlich vom Save, nur der Küste zu hatten sich die Ndau bis weit südlich des Save verbreitet.

Abb. 21:
Beginn eines Trockensees zwischen Chindana und Matongwa.

# ETHNISCHE GLIEDERUNG[7]

Der Überlieferung nach bewohnten „vor alten Zeiten" die Manyakadzivata, deren Nachkommen die Angehörigen der Simango-Sippe, die heute noch als die älteste im Lande gilt, sein sollten, das jetzt von den Ndau besiedelte Gebiet. Sie sollen von normaler Körpergröße gewesen sein, bebauten Felder und besaßen Bögen, Holzpfeile und Köcher, aber keine Speere, kannten also noch keine Metalle. Man erzählte sich auch von einem Volk von Kleinwüchsigen, das früher das Land bewohnt haben soll und von dem die Karanga (Zentral-Shona) glaubten, dass sie noch jetzt im Lande mit Bögen und Pfeilen bewaffnet umherschweiften.

Später sollen die Hlengwe das von den Ndau bewohnte Gebiet innegehabt haben und dann durch diese aus ihm vertrieben worden sein. Dafür spricht vielleicht die Tatsache, dass mit den Hlengwe nahe verwandte Thonga-Splittergruppen in der Gegend von Mukupe mitten unter den Ndau lebten. Nach Auffassung der Ndau waren Thonga und Hlengwe aber ganz verschiedene Stämme. Andererseits erklärten aber die Hlengwe, ihr eigenes Land habe früher den Ndau gehört und sei diesen erst von ihnen abgenommen worden.

Die Ndau, vor allem die westlichen, behaupten, aus dem

Abb. 22: Die Völker des Expeditionsgebietes

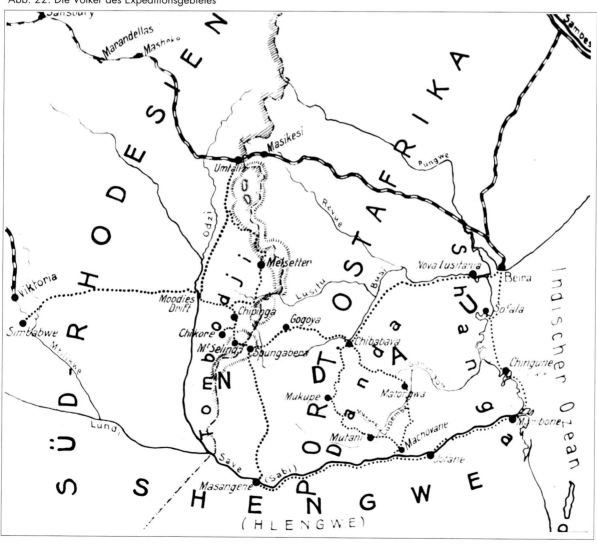

Norden gekommen zu sein und von den ebenfalls shona-sprachigen Rozwi abzustammen. Hier und da sollte sogar noch die Überlieferung lebendig sein, einst den Sambesi überschritten zu haben.

Ein Häuptling Matema oder Motambah von Quissanga wird zum ersten Mal in der das Ndau-Gebiet betreffenden Literatur am Anfang des 19. Jahrhunderts erwähnt und soll nach den Überlieferungen vom Rozwi-Herrscher Changamire eingesetzt worden sein (Ende des 17. Jahrhunderts). Ihren Namen erhielten die Ndau angeblich von den Zulu wegen ihres Grußes, bei dem das Wort „ndauwe" eine Rolle spielte. Die Hlengwe nannten sie „Banyai" (=Feinde), andere „Zitombodye", weil sie unter großen Steinen lebten oder „Machangana", Leute der Zulu.

Die Ndau setzten sich im Großen und Ganzen aus drei Stammesgruppen zusammen. Von diesen wohnten die Shanga (nach anderen „Machangane" oder „Shangane", abgeleitet von Shoshangane, dem Beinamen des Zulu-Herrschers Manukosi, abgeleitet vielleicht auch von „Gras, Rohr") oder Küsten-Ndau an der Mündung des Save an der Küste des Indischen Ozeans, etwa zwischen der Buzi- und Save-Mündung. Die Danda (abgeleitet von „Kautschuk-dickicht") oder Busch-Ndau besiedelten die Ebenen zwischen Buzi und mittlerem Save. Die dritte Gruppe bildeten schließlich die Tombodji (abgeleitet von „Heuschrecke") oder Berg-Ndau – die Ndau im engeren Sinne – im Spungabera- und Melsetter-Bergland an der Grenze zu Rhodesien und westlich bis zum Save. Andere Autoren erwähnten außerdem die Vanhai in der Gegend von Sofala (wohl nur eine Unterabteilung der Shanga) und die Gova (abgeleitet von „Talgrund"), die verstreut hauptsächlich längs des Save lebten. Außerhalb dieses geschlossenen Stammesgebietes befanden sich Ndau-Splitter südlich von Inhambane, wohin sie im Gefolge der Zulu kamen.

Abb. 23:
Landschaft bei Jofane

Die Hlengwe sollen ihren Namen von dem wenigen Wasser, das es in ihrem Siedlungsgebiet gab, erhalten haben. Jede der drei Ndau-Stammesgruppen zerfiel wieder in mehrere kleine Stämme (Häuptlingsgebiete), deren Angehörige sich mit einem gemeinsamen Namen bezeichneten, z.B. die Leute des Häuptlings Mapungana als Rowe oder Chimwoto, die Tombodji des Häuptlings und Regenmachers Musikavanhu als Dondo, die Mutemas als Sanga, die Gorimas als Hode und die Ruwuyos als Tembo.

Bei den Danda scheinen sich die Namen der einzelnen Stämme vielfach auf die Titel ihrer Häuptlingsdynastien zu beziehen.

Unabhängig von der territorialen und politischen Gliederung des Ndau-Volkes in Stammesgruppen und Stämme (Häuptlingsgebiete) war seine verwandtschaftliche Aufteilung in vaterrechtliche Sippen (*rudzi*), von denen jede einen bestimmten Namen trug und ein bestimmtes Speiseverbot (*mutupo*) zu beachten hatte, wobei verschiedene Sippen ein und dasselbe *mutupo* haben konnten.

Die Namen der einzelnen Sippen standen in mehr oder weniger enger Beziehung zu deren Speiseverboten. Sie entstammten fast ausnahmslos der Sprache der Zulu, von denen die Ndau möglicherweise auch erst die auf Sippen bezogenen Speiseverbote übernommen hatten.

Die Sippen, die das gleiche Speiseverbot besaßen, wurden als – wenn auch nur sehr entfernt – miteinander verwandt angesehen.

Spannaus führte 31 Dynastien (Oberhäuptlinge und Häuptlinge) der Tombodji, Danda und Shanga samt ihrer Sippenzugehörigkeit auf, von denen 15 auf der von ihm aufgenommenen Routenkarte verzeichnet waren.

An der Küste zerfielen die Sippen nochmals in Untersippen (auf Chiloane *bvumo*), die nach ihren Wohngebieten benannt wurden. Bei den Tombodji sollte manche Sippe danach, ob das für sie geltende Speiseverbot von ihren Angehörigen in vollem Umfang oder nur in stark eingeschränktem Maße beachtet wurde, in einen höheren und einen niederen Grad unterteilt gewesen sein.

## SIEDELN UND WOHNEN[8]

In älteren Zeiten soll es im Tiefland größere Dörfer mit bis zu 80 Häusern gegeben haben. 1931 waren regelrechte Dorfanlagen kaum noch bekannt, und die Anzahl der Häuser war auf maximal 12 geschrumpft. Es handelte sich bei den Ansiedlungen durchweg um kleine Einfamilien-Gehöfte, etwas größer waren nur die der Häuptlinge (Abb. 24). Angeblich aus Angst vor Zauberei soll die Zahl der Häuser seit dem Eindringen der Zulu immer mehr zurückgegangen sein. Im Tiefland wohnten Eltern und Kinder oft zusammen, im Hochland war dies infolge der Knappheit an bebaubarem Boden nicht möglich. Hier gab es die Tendenz, möglichst weit auseinander zu siedeln.

Abb. 24: Blick auf ein Gehöft der Tombodji zwischen Mount Selinda und Spungabera

Die Gehöfte waren unbefestigt, nur zuweilen von Hürden aus Ästen, Hecken aus Dornbüschen oder Steinwällen umgeben, durch die ein oder zwei Tore führten, die nachts mit Dornzweigen verschlossen wurden. Wenn überhaupt eine Hürde vorhanden war, dann zum Schutz vor wilden Schweinen. Früher sollen die Gehöfte Zäune gehabt haben, die, wenn sie sorgfältig gebaut waren, Hauswänden ähnelten.

Auf Berggipfeln fanden sich vereinzelt noch alte Steinwälle, hinter die man sich früher bei Gefahr zurückzog.

Die Gehöfte lagen verstreut nahe bei oder auch innerhalb der Felder unweit eines Flusses oder Trockensees. In bewaldeten Gebieten wurden sie meist auf Lichtungen errichtet, vor allem in der Umgebung von Gogoya, z. T. auch ganz im Wald, wie in Mukupe. Gewöhnlich bevorzugte man die Nähe von Gewässern, um die Wasserversorgung auch über die Trockenzeit hinweg sicherzustellen. Manche Inland-Bewohner mieden diese aber auch aus Angst vor Krokodilen. Wahrscheinlich war es aber eher die Angst vor den Zulu, die sich früher auf ihren Raubzügen an diese Wasserstellen zu halten pflegten.

Am dichtesten besiedelt war das Mündungsgebiet des Save, wo die einzelnen Gehöfte so dicht aneinander rückten, dass fast der Eindruck geschlossener Großsiedlungen entstand. Dichter besiedelte Gebiete fanden sich außer am Save auch am Buzi und in der Nähe von Gogoya. Von Siedlung zu Siedlung führten schmale gewundene Fußpfade, soweit nicht die Kolonialverwaltung breitere Fahrwege anlegen ließ. Sie wurden nach dem Besitzer benannt, wechselten also bei dessen Tod den Namen. Für die Gehöfte der Söhne wurde oft derselbe Name gebraucht wie für das des Vaters. Sie erhielten erst nach dessen Tod einen eigenen Namen, zuweilen behielten sie aber auch den des Vaters bei. Im Tiefland sollte es kleinere beieinander liegende Häusergruppen gegeben haben, die unter einem Namen zusammengefasst wurden.

Die Gehöfte bestanden aus Wohnhäusern, Getreidespeichern sowie Ställen für Ziegen und Hühner. War die Ehe polygyn, besaß jede Frau ihr eigenes Haus und ihren eigenen Getreidespeicher.

Zuweilen gab es besondere Kochhäuser mit halb oder ganz offen stehenden Seitenwänden, in denen man sich tagsüber aufhielt, kochte oder andere Arbeiten verrichtete (Abb. 25, 26). Vereinzelt fanden sich in den Gehöften auch spezielle Wasch„häuser" für die tägliche Körperpflege (Abb. 27).

Abb. 25: Kochhaus der Danda mit halb oder ganz offen stehenden Seitenwänden

Abb. 26: Halboffenes Kochhaus der Hlengwe in Shenzelane

Abb. 27: Wasch„haus" der Shanga auf Chiloane

Die meist einräumigen Kegeldachhäuser (Abb. 28-32) standen zum Schutz gegen die Niederschläge in der Regenzeit etwas erhöht über dem gewachsenen Boden auf einem Termitenerde-Sockel (Abb. 31, 43).

Das vorspringende Dach wurde manchmal durch Pfosten gestützt, wodurch eine umlaufende ganz oder bis auf die untere Hälfte offene Art Veranda entstand (Abb. 30-32, 39). Auf die Pfosten waren zuweilen mit weißem Kalk geometrische Muster aufgetragen (Abb. 31).

Abb. 28:
Einraum-Wohnhaus der Danda in Matengwa
bei Chibabava

Abb. 30:
Einraum-Veranda-Haus der Hlengwe in Shenzelane

Abb. 31:
Bemaltes Veranda-Haus der Danda auf einem Termitenerde-Sockel in Munyame

Abb. 32:
Veranda-Haus der Danda in Munyame

Wand- und Dachgerüst bestanden aus Holzstangen, die durch Bastfaserstricke miteinander verbunden wurden.

Die Wände verkleidete man meist mit Lehmbewurf und schmückte sie zuweilen mit weißen Ornamenten und Figuren (Abb. 33, 43, 48).

Das Dach war mit Grasbündeln gedeckt. Die Tür bestand

Abb. 33:
Bemalter Teil
eines Wohnhauses
der Hlengwe
in Shenzelane
(links Leopard, rechts Fische)

Abb. 34:
Haus der Danda mit bemalter
Holztür in Chirongwe

entweder aus Holz und war meist mit eingeritzten oder aufgemalten geometrischen Ornamenten verziert (Tafel I; Abb. 31, 34) oder sie war aus Rohr geflochten (Tafel II; Abb. 28, 33, 35, 40, 50). Die Holztüren fanden sich besonders in den Bezirken Sofala, Chiloane, Mambone, hier und da auch in Mossurize, Gogoya und Chibabava. Sie drehten sich nach links innen mit einem Zapfen in einem Loch der hölzernen Türschwelle, die oft mit der Darstellung weiblicher Brüste versehen war (Abb. 35). Nach Aussagen der Informanten waren sie bei den Hlengwe häufig. Man verschloss das Haus durch Vorsteckhölzer von innen oder außen.

In der Mitte des Wohnhauses lag der Herdplatz, eine von einem niedrigen Erdwall umgebene Aushöhlung im Boden. Der Herd selbst bestand aus drei Steinen, an der Küste auch aus drei Tonklumpen. Einen besonderen Rauchabzug gab es nicht. War keines der erwähnten Kochhäuser vorhanden, wurde der Herdplatz außerhalb des Hauses errichtet, soweit die Jahreszeit dies zuließ (Abb. 36).

Abb. 36:
Dreisteinherd der Shanga auf Chiloane

Abb. 35:
Altes Einraum-Wohnhaus mit Brustmotiv an der Türschwelle, Hlengwe in Jofane

Im Haus erhob sich über dem Herd zuweilen eine auf gegabelten Stützen und daraufliegenden Querstäben ruhende Plattform aus Holzstangen zur Aufbewahrung von Getreide und Gerätschaften, die von alten Männer auch gern als Schlafplatz genutzt wurde. Der Schlafplatz des Mannes befand sich in der Regel auf der rechten, der der Frau auf der linken Seite des Hauses. Man schlief auf Matten auf der Erde, dazu kamen noch Kopfbänke aus Holz (Tafel III, IV). An der Rückwand lagerte der Hausrat. Feuerholz stapelte man auf zwei horizontal in der Hüttenwand steckenden Stöcken auf, die mit Stricken mit dem Dachgerüst verbunden waren.

Ehe man ein neues Gehöft anlegte, konsultierte man den Zauberdoktor.

Nachdem der ausersehene Platz gereinigt worden war, zirkelte man den Umfang der Hütte ab. Innerhalb des so gebildeten Kreises errichtete man bei Häusern, deren Oberteil als Kornspeicher dienen sollte, zunächst die erwähnte Plattform. Auf der Kreislinie hob man Löcher aus und ließ in sie 10-15 Pfähle ein. Den ersten musste symbolisch der Hauseigentümer errichten. Man maß an ihnen die beabsichtigte Höhe der Hüttenwand ab und markierte diese.

Dann nahm man die Pfähle wieder heraus, schlug sie in der festgelegten Höhe ab, rammte sie von neuem ein und befestigte an ihnen mit Baststricken innen und außen horizontal liegende Ruten. Danach setzte man andere Pfähle in die Zwischenräume der Hauptpfähle ein und verband sie mit den horizontalen Ruten. So entstand ein komplettes Pfahlrund.

Beim Aufbau des Dachgerüstes stand man auf quer über das Pfahlrund gelegte Stangen. Irgendwelche besonderen Baugerüste kannte man nicht.

Auf das Pfahlrund wurden drei bis vier Stangen kegelförmig aufgesetzt und untereinander mit ihren oberen Enden sowie mit dem Pfahlrund verbunden. Das Innere des so entstandenen Kegeldachgerüsts versteifte man durch einen aus Zweigen geflochtenen Ring. Dann legte man andere Stangen zwischen die kegelförmig aufgesetzten, befestigte innen und außen weitere Zweigringe und band wiederum Stangen auf (Abb. 37). Nun begann man mit Hilfe von Sprossenleitern das Dachgerüst von unten herauf mit zusammengebundenen Grasbündeln zu decken (Abb. 38) und flocht die Spitze pfropfartig zusammen (Abb. 29). Über dem Hauseingang sparte man ein Stück Dach aus (Abb. 28). Den Dachpfropf zierte man zuweilen mit hölzernen, meist weiß und rot bemalten Vogelfiguren (Abb. 39,

Tafel V, Abb. 1). 1931 waren im Shanga-Gebiet bei Mambone Flugzeugnachbildungen als Dachaufsätz weit verbreitet – als Folge der zufälligen Notlandung eines Fliegers im Mündungsgebiet des Save (Abb. 40). Nach dem Decken des Daches wurde die Tür eingesetzt.

Abb. 38: Beim Hausdecken in Chitebe

Abb. 37: Inneres der Dachkonstruktion eines Hauses der Danda in Muchewe

Abb. 39:
Haus der Danda mit Vogelfigur als Dachaufsatz

Abb. 40:
Gehöft der Shanga in Mambone

Bei Gogoya wurde die ganze Dachkonstruktion nach Beendigung der Wand gleich auf diese aufgesetzt. Nahe Chibabava baute man zuerst die Dachkonstruktion auf der Erde auf, setzte dann das Ganze auf die Wände und legte dann erst das Gras reihenweise unten beginnend in Spiralen auf. Die Hlengwe, vereinzelt wohl auch die Danda, fertigten das ganze Dach mitsamt der Grasbedeckung auf der Erde und setzten es dann auf (Abb. 41, 42).

Abb. 41:
Fertigung der Dachkonstruktion
bei den Danda

Abb. 42:
Eindecken der Dachkonstruktion
mit Gras bei den Danda

Im Shanga-Gebiet an der Mündung des Save fanden sich auch große mehrräumige Kegeldachhäuser (Abb. 43). Bei diesen Häusern errichtete man zuerst das siloartige Kernhaus und bewohnte es oft bereits längere Zeit, ehe man den Umgang hinzufügte (Abb. 44-46).

Dieser Hauskern (Abb. 46) wies zuweilen noch ein Obergeschoss auf, das als Vorrats- oder Schlafraum genutzt wurde (Abb. 47).

Abb. 43:
Haus der Shanga in Mambone mit fünf Räumen und vier Eingängen

Abb. 44:
Gehöft der Shanga in Mambone

Abb. 45:
Haus der Shanga
in Mambone im Bau

Abb. 46:
Innerer Ring eines sich
im Bau befindlichen
Hauses der Shanga
in Mambone

Abb. 47:
Gehöft der Shanga
in Mambone mit einstöckigem
Mehrraumhaus

Um den Kern legte sich kon-
zentrisch ein völlig geschlossener, mit bunt bemalten hölzernen Türen und Fensterlä-
den (Abb. 48) versehener Umgang, der meist in mehrere
Räume unterteilt war (Abb.
49). Das Dach bedeckte gewöhnlich das ganze Haus in
einer zusammenhängenden
Fläche. Manchmal überragte
der siloartige Mittelteil den
Umgang, so dass die Dach-
fläche aus zwei getrennten
Teilen bestand (Abb. 47).

Abb. 48:
Haus der Shanga in Mambone

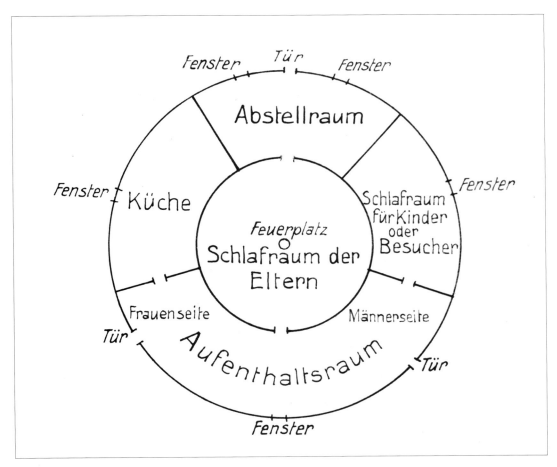

Abb. 49:
Grundriss
eines Mehrraumhauses
der Shanga

In den Expeditionsaufzeichnungen fand sich die ausführlichere Beschreibung mit detaillierten Maßangaben und zwei Skizzen eines Hlengwe-Hauses mit Shanga-Einfluss in Jofane. Es stellt einen interessanten Übergangstyp zwischen einräumigem Binnenland-Haus und dem großen Mehrraum-Haus der Küsten-Ndau dar. Das Material war ausreichend, um das Haus, zwar nur ausschnittsweise, aber in Originalgröße für die Ausstellung nachbilden zu können.

Das Haus wies zwischen den beiden konzentrischen Hauswänden einen weiteren Raum auf, der allerdings so schmal war, dass eine Nutzung als Wohnraum nicht möglich war. Er war zwar mit zwei Quertüren versehen, diente aber nur als Aufbewahrungsraum bzw. als Raum für Hühner usw.

Abb. 50:
Zweiraumhaus mit schrägstehenden Wänden, Hlengwe in Jofane

Abb. 51:
Mehrraumhaus der Shanga in Mambone mit europäischem Hausrat davor

Ein weiteres Zweiraumhaus hielten Spannaus und Stülpner photographisch fest (Abb. 50).

Die christianisierten Ndau in der Nähe von Mount Selinda wohnten in viereckigen mehrräumigen Lehmhäusern, die mit weißem Kalk getüncht und mit Gras gedeckt waren. Sie wiesen bereits Kamine, Angeltüren und Fenster auf. Aber auch bei den Shanga des Küstengebietes war 1931 das Eindringen europäischen Hausrates und Mobiliars, allerdings unter Beibehaltung der traditionellen Wohnweise, unübersehbar (Abb. 51). Berufsmäßige Bauhandwerker gab es nicht. Alle erforderlichen Arbeiten wurden von den Männern unter Beihilfe von Verwandten und Nachbarn ausgeführt. Die Frauen versahen die Wände außen und innen per Hand mit einem Lehmbewurf und befestigten den Boden, indem sie Erde von Termitenhügeln mit Wasser vermischten, diese auf den Boden auftrugen, mit hölzernen Schlegeln (Tafel VI, Abb. 1) festklopften und mit Steinen glätteten.

Als Notbehelf beim Bau eines neuen Gehöfts errichtete man auf der Erde ruhende Satteldächer aus Zweigen und Gras (Abb. 52), die nach der Benutzung zerstört oder verbrannt wurden.

War der Bau beendet, richtete der Hausherr für alle Beteiligten eine kleine Feier aus, bei der Bier, Mehlbrei sowie Ziegen- oder Hühnerfleisch gereicht wurden.

Starb der Besitzer eines Hauses, nahm man die geflochtenen Dachaufsätze von den Häusern des Gehöftes ab und warf sie beiseite. Etwa ein Jahr später wurde das Haus verschlossen und dem Verfall überlassen.

Abb. 52: Behelfshütten der Ndau bei Mapungana

## LEBEN AM WASSER[9]

Die Versorgung mit Trinkwasser war eine unabdingbare Voraussetzung für die Besiedlung des Landes. Die Frauen holten es täglich aus Flüssen, Seen oder Wasserlöchern in großen Töpfen, die man mit belaubten Zweigen zudeckte, um ein Ausspritzen des Wassers während des Transportes zu verhindern. (Abb. 53)

Abb. 53: Frauen an einem Wasserloch im Rio Mukune

Aber auch als Fischgründe waren die Gewässer wichtig. Die Frauen fischten mit aus Rohr geflochtenen, konischen Setzkörben (Tafel VII, Abb. 1). Alle sonstigen Fischfanggeräte und -vorrichtungen wurden nur von den Männern hergestellt und benutzt. Dazu zählten Fischzäune mit aus Rohr geflochtenen, zylindrischen Reusen (Tafel VII, Abb. 2), die seltener auch allein verwendet wurden, Kescher, die aus einem zwischen zwei langen Stangen ausgespannten Netz bestanden sowie Fischspeere mit Bambus- oder langen stichelartigen Eisenspitzen. Angelähnliche Geräte mit großen Widerhaken, die mittels Schnur an einem Stock befestigt waren, wurden nicht eigentlich zum Angeln gebraucht, sondern mehr zum Greifen. Regelrechte Angelruten mit Angelhaken wurden erst durch die Europäer eingeführt. Bei den Ndau wurden auch pflanzliche Gifte beim Fischfang verwendet. Man schlug den Ast einer Euphorbie ab, ließ den Saft einen Tag lang in einen Topf tröpfeln, schüttete ihn dann in einen kleinen, im Fluss- oder Seebett zurückgebliebenen Wassertümpel und rührte das Wasser mit

Stöcken kräftig um. Man schabte auch die Rinde von den Wurzeln bestimmter Bäume bzw. Büsche mit dem Messer ab, zerstampfte sie zwischen zwei Steinen und streute sie ins Wasser. Im Wasser verquirlt wurde schließlich noch das zerstampfte Laub eines Busches. Hatte man 3-4 Körbe davon in das Wasser geschüttet, kamen nach ca. 5 Minuten die Fische betäubt oder tot heraus und wurden von Männern, Frauen und Kindern mit den Händen, mit Körben oder Netzen herausgezogen. Der Hersteller des Giftes bekam von jedem am Fang Beteiligten eine bestimmte Anzahl Fische.

Abb. 54:
Brücke der Ndau über den Muchedneswi bei Gogoya

Bevorzugt wurde in flachen Seen und toten Flussarmen gefischt. Dazu stellte man sich im Halbkreis auf und trieb die Fische mit Matten zusammen, um sie dann zu ergreifen und an Land zu werfen. Oder mehrere Netze wurden in ganzer Breite im Fluss aufgestellt, in die man die Fische trieb. Die 1931 vorkommenden Netze sollen meist europäischen Ursprungs gewesen sein.

Die Fische wurden unter alle Teilnehmer zu gleichen Teilen verteilt.

Brücken waren nicht gebräuchlich. Lediglich Baumstämme oder Steine wurden in den Fluss gelegt, maximal zwei Bäume mit Knüppeln und Bindung (Abb. 54).

Zum Befahren oder Überqueren der größeren Flüsse war man daher auf Boote angewiesen.

Besonders in der Regenzeit viel benutzt wurden bis 3 m lange Boote, die die Männer aus Rinde herstellten. Sie wurden aus einem großen Mittelstück und zwei kleineren Endstücken mit Bastschnüren zusammengenäht, innen mit Kuhdung verschmiert und durch Querstäbe versteift.

Wesentlich stabiler waren allerdings die 5-9 m langen unverzierten Einbäume aus Holz, die 6-8 Personen aufnehmen konnten (Abb. 55).

Ihre Herstellung wollten die Hlengwe von den am Unterlauf des Save wohnenden Shanga gelernt haben. Nur sehr wenige Männer verstanden sich darauf, in gemeinsamer Arbeit einen Stamm mit der Axt ohne Anwendung von Feuer in etwa drei Monaten auszuhöhlen und zu einem Einbaum zu formen. Die Fertigstellung wurde mit einem kleinen Bierfest gefeiert.

Man stakte die Boote meist stehend, während die übrigen Mitfahrenden saßen, mit einer langen Stange vorwärts. Seltener paddelte man sie sitzend oder stehend. Die Paddel waren ca. 1 m lang, aus einem Stück gearbeitet und hatten runde oder oblonge Blätter und einen kurzen Griff. Segel waren nicht gebräuchlich.

Ein solches Boot kostete 6-10 £. Die Boote gehörten einzelnen Männern, die sie auch gegen Fischanteile, Hühner usw. verliehen.

Sie wurden aber 1931 kaum noch hergestellt, da die damit verbundene Arbeit sehr schwer war und die portugiesische Kolonialverwaltung für den Besitz eines Einbaumes den Erwerb einer sehr teuren Lizenz forderte. Daher befanden sich fast alle im Hlengwe-Gebiet auf dem Save vorhandenen Einbäume im Besitz der Companhia de Moçambique und dienten den Posten zum Übersetzen.

Abb. 55:
Einbaum im Save bei Jofane

## BODENBAU[10]

Hauptwirtschaftszweig und damit auch Grundlage der Ernährung bildete der Bodenbau. Er wurde als Brandrodungsfeldbau betrieben und gewöhnlich als „Hackbau" bezeichnet, abgeleitet vom wichtigsten Produktionsinstrument, der Hacke.

Die Felder lagen meist in unmittelbarer Nähe der Gehöfte, zu denen sie gehörten (Abb. 56), zuweilen aber auch bis zu 3 km von diesen entfernt. Nebeneinander liegende Felder verschiedener Besitzer waren durch schmale Pfade voneinander getrennt. Eine regelrechte Abgrenzung kam praktisch nicht vor. Es wurden lediglich Linien gegraben zwischen benachbarten Feldern, und zuweilen wurden Steine oder abgehauene Bäume auf diese Linien gelegt.

Sie waren nicht umzäunt, nach anderen Angaben allerdings oft von Einfriedungen aus Ästen umgeben, dann aber vorrangig zum Schutz gegen Wildschweine (Abb. 57).

In den Feldern standen einfache Wachthäuser. Das waren zuweilen nur auf Pfählen ruhende Dächer (Abb. 58), kleine Baumhütten bzw. Pfahlhäuser (Abb. 59) oder auf der Erde ruhende Satteldächer aus Zweigen und Gras. In ihnen hielt sich die ganze Familie tagsüber auf, wenn es notwendig wurde, das reifende Getreide vor einfallenden Tieren zu schützen. Affen und Vögel wurden durch Lärmen sowie durch Werfen von Steinen mit aus Palmblattstreifen geflochtenen Schleudern (Tafel VIII, Abb. 1) verscheucht. Die Männer und Knaben wachten auch nachts hier, um Wildschweine fernzuhalten. Gegen letztere steckte man auch kleine Stäbe, auf die angebrannte Fellstückchen aufgespießt waren, rings um die Felder. Um Flusspferde fernzuhalten, errichtete man aus zwei in die Erde gerammten Längsstangen und einer darüber befestigten Querstange eine Art Tor, das die Tiere nicht zu durchschreiten wagten. Als Affenscheuchen wurden bis zu 1,50 m hohe Menschenfiguren aus Gras, zuweilen mit Pfeil und Bogen in der Hand, erwähnt.

Es wurde einzeln oder zusammen gearbeitet. Nachbarn und Freunde aus den umliegenden Gehöften halfen dabei dem Feldeigentümer, der sie dafür mit Bier bewirtete.

Gut bekannt war früher aber auch die Arbeit auf den

Abb. 56:
Gehöft am Hirsefeld, Hlengwe bei Jofane

Abb. 57:
Feldeinfriedung („Schweinezaun") der Ndau am Muchedneswi bei Gogoya

Abb. 58:
Feldwachthütte der Ndau in Mapungana bei Mount Selinda

Abb. 59:
Feldwachthäuschen der Ndau vor dem Mount Selinda-Urwald

Feldern anderer gegen Geschenke in Form von Getreide, Vieh usw. oder gegen eine monatliche Geldzahlung.

Zunächst wurden von den Männern mit Beilen (Tafel IX) und Buschmessern kleinere Bäume gefällt, während man größere durch Abschälen der Rinde zum Absterben brachte (Abb. 60, 61).

Abb. 60:
Hühnerstall auf einem geklärten Feld mit Baumstümpfen, Ndau in Mafidi bei Gogoya

Die Äste wurden abgeschlagen und rings um die stehengebliebenen Baumstümpfe in Haufen aufgeschichtet. Wildwachsende Fruchtbäume ließ man unberührt. Nach zwei bis drei Wochen, nachdem das Holz getrocknet war, brannte man das Feld ab und beräumte es. Anschließend wurde der Boden aufgelockert und gewendet. Bei Eintritt der ersten Regenfälle zog man Furchen oder hob Löcher aus und brachte in bestimmter Reihenfolge das Saatgut je nach Anbaufrucht entweder in Reihen oder unregelmäßig verstreut in den Boden ein und bedeckte es mit Erde. Von Knollenfrüchten wurden Wurzel-, Stengel- oder Zweigstücke in kleinen Hügeln eingepflanzt. Die Hauptsaat- bzw. Pflanz-

zeit lag in den Monaten November und Dezember.

Angebaut wurden in der Hauptsache: Mais, Hirsearten (Sorghum, Eleusine, Pennisetum), Sesam, Süßkartoffeln (Bataten), Maniok, Yams, verschiedene Arten von Erdnüssen, Bohnen, Erbsen, Kürbissen und Melonen, Gurken, Zuckerrohr, Rhizinus, Pfeffer und Tabak.

Erbsen pflanzte man längs der Feldpfade, Zuckerrohr unweit des Wassers, Tabak und Pfeffer nahe der Wohnhäuser. Später musste mehrmals das Unkraut gejätet werden.

Alle diese Arbeiten wurden vorrangig von den Frauen, aber unter Beteiligung der Männer, mit Hacken (Tafel X, Abb. 1), die früher angeblich nur hölzerne Blätter hatten (Tafel X, Abb. 2), verrichtet.

Ein planmäßiger Fruchtwechsel war angeblich unbekannt. Die Felder wurden aber gemischt bebaut oder man pflanzte bestimmte Früchte auf gesonderten Feldern. Man bepflanzte die Felder auch mehrere Jahre hindurch mit bestimmten Anbaupflanzen, anschließend mehrere Jahre lang mit anderen und ließ sie dann brach liegen, um sie erst nach vier bis acht Jahren wieder unter Kultur zu nehmen. Bebaut wurde, solange die Ernte lohnte, im Inneren zum Teil nur zwei bis vier, im Küstengebiet dagegen bis 15 Jahre oder mehr. Die Unterbrechung des Anbaus machte also eine Verlegung der Felder erforderlich.

Abb. 61:
Abgeerntetes Hirsefeld mit Baumstümpfen von der Rodung, Ndau bei Gogoya

Gedüngt wurde nur, wahrscheinlich unbewusst, mit der Asche der beim Roden verbrannten Pflanzen. Geerntet wurde hauptsächlich von März bis Mai (Abb. 61).

Damit verbunden war die sich anschließende Speicherung und Weiterverarbeitung der Ernte, die deshalb hier mit behandelt werden soll.

Die Frauen sammelten die Ernte in Körben. Die reifen Maiskolben wurden mit den Händen abgebrochen und zu den Kornspeichern gebracht. Für unausgedroschene Maiskolben oder Hirseähren gab es offene Speicher, die in der Regel auf Pfählen errichtet und ca. 2 m hoch waren (Abb. 63). Die Sorghum- und Eleusine-Fruchtstände schnitten Frauen und Männer mit kleinen Messern ab, sammelten sie in Körbe und schütteten sie in größere Körbe, die man als eine Art Speicher auf den Feldern errichtet hatte (Abb. 62). Auf runden Dreschplätzen, die von den Frauen ein bis zwei Monate später her-

Abb. 62:
Getreidekorb auf Pfählen, Danda bei Chibabava

Abb. 63:
Speicher der Danda bei Muchewe

Abb. 64: Frauen beim Worfeln von Getreide, Ndau bei Mount Selinda

Abb. 65: Plattform zum Trocknen von Erntegut

gestellt worden waren, wurde das Getreide morgens ausgebreitet, um es trocknen zu lassen. Mittags droschen sie
es mit gegabelten Dreschstöcken, fegten es dann mit kleinen Zweigbündeln zu Haufen zusammen, schütteten es in
Körbe, worfelten es mit Worfeln (Tafel VIII, Abb. 2) und
brachten es in das Gehöft (Abb. 64). Die Sesam-Stengel
wurden abgehauen, gebündelt und gegen ein Stangen-
gerüst gelehnt, um sie trocknen zu lassen. Dann schüttelte
man sie über Körben aus, worfelte sie und brachte sie in
Körben zu den Kornspeichern oder bewahrte sie in großen Töpfen auf. Bohnenstauden wurden zunächst auf einer auf Pfählen ruhenden Plattform (Abb. 65) getrocknet
und dann gedroschen und geworfelt. Im Gehöft wurde das
Erntegut in großen Körben, die zu zweien oder dreien auf
einem Pfahlunterbau ruhen, gespeichert. Diese Körbe standen z. T. auch in den Wohnhäusern. Das Stroh fand keine
Verwendung.
Als Kornspeicher dienten große Körbe, die zum Schutz
gegen weiße Ameisen auf einer auf Pfählen ruhenden Plattform aufgestellt und von einem ebenfalls auf Pfählen ru-

henden Dach überdeckt waren (Abb. 66, 68) oder Häuser (Abb. 67), zu denen man mittels Sprossen- oder Baumstamm-Leitern gelangte oder zylindrische, aus Stöcken und Lehm oder Gras bestehende Behälter (Abb. 69).

Als Kornspeicher dienten zuweilen auch große zylindrische Rindenbehälter, auf die oft ein Aufsatz aus Gras aufgeflochten war (Tafel. XI, Abb. 1). Gleich den großen Speicherkörben standen sie auf einem überdachten Pfahlgerüst.

Abb. 66:
Alter Speicher mit Getreidekorb,
Hlengwe in Jofane

Abb. 67:
Vorratshäuser der Ndau
am Mount Selinda-Urwald

Abb. 68:
Schutzdach für große Getreidekörbe,
Hlengwe in Shenzelane

Abb. 69:
Mit Lehm verschmierter Speicher,
Ndau in Chitebe bei Gogoya

Die Weiterverarbeitung des Getreides erfolgte durch die Frauen.

Zur Mehlbereitung wurden die Körner in Holzmörsern (Tafel XII) gestampft, um sie von den Hülsen zu befreien, geworfelt, in Körben gewaschen und schließlich in Mörsern zu Mehl zerstampft (Abb. 70).

Da große harte Steine selten waren im Lande, war der Gebrauch von Reibsteinen nicht so häufig. Bei den Ndau wurden Körner auf einem großen Stein mit einem kleinen Handstein zermahlen und das Mehl fiel vom Reibstein in einen davor gestellten Korb.

Abb. 70:
Frauen beim Stampfen von Hirse, Shanga in Mambone

# VIEHHALTUNG[11]

Gehalten wurden Rinder (Abb. 71), 1931 bereits ein Gemisch aus europäischen Kurz- und Langhornrindern und Buckelrindarten sowie Ziegen, die ebenfalls bereits stark mit europäischen Rassen gemischt waren, Hühner, seltener Fettsteißschafe, sehr selten Schweine und nur vereinzelt Tauben, Hunde und Katzen. Schweine und wohl auch Tauben wurden erst durch die Europäer eingeführt. Von Haushennen ließ man zuweilen aufgefundene Gelege wilder Perlhühner ausbrüten, die dann zusammen mit den übrigen Hühnern lebten.

Hunde und Katzen, aber auch Hühner und Tauben wurden nicht gefüttert – sie mussten sich ihr Futter selbst suchen.

Rinder und Kleinvieh wurden von den Männern und Knaben versorgt. Sie wurden tagsüber geweidet und nachts in Hürden oder Ställen im Gehöft eingeschlossen. Kälber wurden meist im Haus gehalten. Auch junge Ziegen und brütende Hennen nahm man gern mit in das Wohnhaus, Ziegen zum Schutz vor Leoparden.

Für die Rinder errichtete man im oder nahe beim Gehöft kreisförmige Gehege aus in die Erde gerammten, langen Stangen (Abb. 72), deren Eingang ebenfalls durch Stangen verschlossen wurde. Zuweilen hatten mehrere Gehöfte zusammen eine gemeinsame Rinderhürde und ließen die Tiere durch den gleichen Hirtenjungen hüten, wofür dieser von jedem Herdenbesitzer ein Stück Vieh als Entlohnung bekam.

Abb. 71:
Rinderherde der Hlengwe bei Jofane

Abb. 72:
Gehöft mit Rinderhürde, Shanga bei Mambone

Um sie fetter zu machen, wurden junge Stiere kastriert. Der Mann, der die Operation vornahm, wurde nicht dafür bezahlt, erhielt aber reichlich Geschenke, bis hin zu einer Kuh. Die Kühe wurden, solange sie Milch gaben, von den Knaben täglich gemolken. Um junge Tiere am Saugen zu hindern, wurden die Euter mit Kuhdung bestrichen, größeren Kälbern, die schon selbst ihr Futter suchen konnten, wurde die Maulspitze angekerbt, um sie am weiteren Saugen zu hindern. Gemolken wurde früher in kleine, den Getreidemörsern ähnliche Holzgefäße; aufbewahrt bis zum Verzehr wurde die Milch im Haus in großen Töpfen oder Kalebassen.

Die Ziegenställe waren wie menschliche Behausungen konstruiert, aber ohne Lehmbewurf (Abb. 73). Miniaturausgaben von Wohnhäusern glichen auch die Hühnerställe, besonders der Hlengwe, aber auch der Danda bis Gogoya. Sie standen auf einem Pfahlunterbau und waren durch Sprossenleitern erreichbar (Abb. 74). Es gab auch viereckige Blockbauten, deren Eingang durch Holzstangen verschließbar war. Um Habichte fernzuhalten, brachte man an den Hühnerställen bestimmte wilde kürbisartige Früchte an (Abb. 75).

Transportiert wurden Hühner in geflochtenen Trage-

Abb. 73:
Ziegenstall der Ndau
bei Mount Selinda

körben (Tafel XIII, Abb. 1). Legekörbe (Tafel. XIII, Abb. 2) konnten nur in Masengena beobachtet werden (Abb. 74). Die Tiere wurden gehalten als Fleischlieferanten, zur Bezahlung des für eine Heirat erforderlichen Brautpreises und als Opfer bei magisch-religiösen Handlungen. Zur Arbeit wurde keines der Tiere herangezogen.

Hunde dienten als Wachhunde, seltener wurden sie zur Jagd verwendet. Katzen hielt man gegen Mäuse und Ratten im Haus.

Abb. 74:
Hühnerstall der Hlengwe in Masengena

Abb. 75:
Hühnerstall der Danda in Muchewe

# JAGD

Außer durch Viehhaltung und Fischfang wurde die Nahrung auch durch Produkte der Jagd ergänzt.

Gejagt wurden, besonders während oder kurz nach Abbrennen des Busches, hauptsächlich Antilopen, Zebras, Büffel, Wildschweine und Affen, in geringerem Umfang auch Löwen, Leoparden, Elefanten, Flusspferde und Krokodile.

Es wurde einzeln in Form des Anschleichens gejagt oder in großer gemeinsamer Treibjagd, bei der 50 und mehr Personen mitwirkten. Bei letzterer war der Veranstalter, der die Teilnehmer zusammenrief - gewöhnlich ein bekannter Jäger -, auch der Anführer. Die Jäger gingen entweder im Halbkreis vor und trieben sich so die Tiere zu, oder das Wild wurde gegen bis zu 300 m lange Netze getrieben und mit Äxten oder Speeren erlegt. Zur gegenseitigen Verständigung gebrauchte man Jagdpfeifen aus Knochen oder Holz (Tafel XIV, Abb. 1) oder kleine Antilopenhörner.

Selten zur Jagd benutzt wurden kurze Stoßspeere, soweit vorhanden Gewehre, ansonsten Pfeil und Bogen. Der Bogenstab war zuweilen mit Fellstreifen umwickelt und mit Amuletten versehen (Tafel IV, Abb. 2, 3). Die Sehne bestand aus Fellstreifen. Die Schussweite des Bogens betrug 50-100 m.

Die Pfeile bestanden aus einem befiederten Rohrschaft und einer Eisenspitze. Unterhalb der Spitze wiesen sie früher häufiger einen Giftanstrich auf. Das Gift gewann man aus den Früchten eines bestimmten Baumes. Vogelpfeile waren nicht vergiftet und besaßen verschiedenförmige Holzspitzen.

Bekannt war auch die Jagd mit Netzen, Schlingen, verschiedenen Fallen und Fallgruben, die man alle meist auf den Wildwechseln errichtete, sowie Fanghütten.

Kleinere Tiere wurden in Schwippgalgen-Fallen, größere Tiere durch herabfallende Baumstämme (Baumschlagfallen) (Abb. 76) erbeutet. Sie wurden besonders zwischen den Einzäunungen der Felder aufgestellt. Zwei parallel laufen-

Abb. 76:
Schlagfalle zwischen
Masangena und Jofane

73

de Reihen von Holzpfählen bildeten eine schmale Gasse, über der sich ein Baumstamm befand, der auf das in die Pfahlgasse eindringende Tier herabfiel und es erschlug.

Dem Fang von Antilopen dienende mit Gras bedeckte Fallgruben, auf deren Grund meist zwei bis drei zugespitzte Stöcke eingerammt waren, lagen oft zu mehreren nebeneinander und waren durch Zäune verbunden.

Leoparden fing man in einer kleinen verschlossenen Hütte, in die eine Ziege eingesperrt wurde und die man mit einem Kreis dichten Dornengestrüpps derart umgab, dass zwischen ihm und der Hütte ein schmaler Umlauf blieb. Der durch das Schreien der Ziege in den Umlauf gelockte Leopard umkreiste die in der Mitte befindliche Hütte und stieß dabei selbst die Tür des Einganges zu.

Zum Vogelfang bestrich man armlange gekerbte Stöcke mit einer klebrigen Masse und legte sie in das Geäst der Bäume.

Bei kleineren Tieren gehörte die Beute, mitsamt Fell, Gehörn und Klauen, demjenigen, der das gejagte Tier als erster irgendwo traf. Die Verteilung weiterer Anteile folgte genauen Regeln. Bei den Ndau gehörte das erlegte Tier dem Eigentümer der Waffe. Wenn jemand mit fremder Waffe ein Tier getötet hatte, erhielt der Jäger nur einen Anteil. Nur die im Netz gefangenen Tiere wurden gleichmäßig an alle verteilt.

Wenn Großwild geschossen wurde, rief man oft die Nachbarn zu einem großen Fest mit Bier und Tanz zusammen.

Über der Tür der Häuser sah man oft die Jagdtrophäen des betreffenden Bewohners auf dem Dach dekorativ angebracht. Zwischen Masengena und Jofane fand man solche oft auch auf besonderen Bäumen vor dem Haus eines guten Jägers (Abb. 77).

Abb. 77:
Baum mit Jagdtrophäen,
Hlengwe in Jofane

# HAUSGEWERBE[12]

Obwohl Weberei unbekannt war und die Verarbeitung von Baumwolle zu Fäden unbedeutend, wurde letztere relativ gut dokumentiert. Die Männer klaubten die Fruchtkerne mit den Händen aus den Wollknäueln, reinigten sie mit Hilfe eines Bogens und zupften sie lang (Abb. 78). Dann befestigte man sie an einer Spindel, die aus einem Holzstab mit einem kleinen Haken am Ende und einem Stück Schildpatt als Wirtel bestand (Tafel XV, Abb. 1), und versponn sie zu Fäden (Abb. 79). Die Fäden wurden gefärbt und als Halsschmuck oder zum Tragen der Schnupftabaksbehälter benutzt.

Die Metallbearbeitung war 1931 bereits stark zurückgegangen infolge der Konkurrenz indischer Händler, die entsprechende Fertigprodukte anboten. Die wenigen noch vorhandenen Schmiede waren sesshaft und genossen hohes Ansehen, d. h., die Kunden mussten zu ihnen kommen. Sie waren gewöhnlich reicher, als die anderen, hatten aber auch eigene Felder. Das Handwerk konnte jeder erlernen, es war nicht an bestimmte Familien gebunden. Bekannt war die Bearbeitung von Eisen, Kupfer, Messing und Aluminium. Eisen und Kupfer sollen früher in runden, mit Hacken ausgearbeiteten Schachtlöchern gewonnen worden sein.

Bei den Hlengwe war das Schmelzen von Eisen aus Erzen nicht bekannt, wohl aber seine Bearbeitung aus importierten Eisenbarren verschiedener Größe. Die Schmiede der Ndau dagegen schmolzen das Eisenerz in Lehmöfen mit Hilfe von Holzkohle. Benutzt wurde dazu ein Schlauchblasebalg aus Tierfell mit Antilopenhörnern als Düsen (Tafel XV, Abb. 2), der von Knaben gehandhabt wurde. Die Bearbeitung erfolgte auf einem großen Stein mit Hammer und Zange, die Weiterverarbeitung durch Hämmern.

Hergestellt wurden eine Vielzahl von Waffen, Werkzeugen und Haushaltsgegenständen sowie Teile von Musikinstrumenten und Schmuck (vgl. Bildteil).

Aluminium-Lamellen und Meißel zum Punzen der Muster (Tafel XVI, Abb. 1,2) wurden bereits weitestgehend fertig vom indischen Händler bezogen. Daraus bzw. damit fer-

Abb. 78:
Ndau-Mann beim Baumwollzupfen

Abb. 79:
Ndau-Mann beim Baumwollspinnen

tigten einzelne Männer als eine Art Gewerbe Arm- und Beinreifen (Tafel XVI, Abb. 1).

Drahtherstellung war nicht bekannt, ebensowenig Eisenguss.

Weitaus bedeutender, da noch nicht so stark der Konkurrenz von Importwaren ausgesetzt, waren Flechterei und Rindenverarbeitung, Fell- und Lederbearbeitung, Holzschnitzerei und Kalebassenbearbeitung sowie Töpferei.

Eine Vielzahl von Gegenständen (vgl. Bildteil; Abb. 80) wurde von den Männern, zum Teil mit Hilfe eines eisernen Stichels (Tafel XVII, Abb. 1) aus Palmfasern, Rohr, Bambus oder Gras geflochten. Frauen fertigten eine bestimmte Art konischer Körbe (Tafel XVIII, Abb. 1), Scham- und Tanzschurze (Tafel XIX, Abb. 1).

Aus der Rinde bestimmter Bäume stellten die Männer Bienenbeuten (Tafel XX, Abb. 1), Gefäße

für Honig, Wasser, Mehl usw. (Tafel XX, Abb. 2), zylindrische Behälter zur Aufbewahrung von Getreide sowie für Nahrungsmittel-Konserven her.

Säcke und Schlafdecken wurden aus Baumbast gefertigt.

Ebenfalls von den Männern wurden Felle bearbeitet. Die abgezogenen Felle wurden im Freien ausgepflockt, an der Sonne getrocknet und von den Fleischresten befreit. Später bearbeitete man sie etwa zwei bis drei Tage lang mit Axt, Stein, den Händen und heißem Wasser, um sie weich zu machen und ölte sie ein. Die Felle wurden mit kleinen Stücken der Rinde eines bestimmten Baumes eingerieben und mit einem Messer in Form geschnitten. Sie wurden dann verwendet für Kleidungsstücke, Kindertragtücher, Blasebälge, Beutel und Taschen, als Köcher und Trommelfell.

Töpferei war Aufgabe der Frauen. Aber nur in wenigen Gehöften

Abb. 81: Hlengwe-Frauen beim Töpfern in Spiralwulsttechnik

Abb. 80: Angefangener grosser Getreidevorratskorb, Hlengwe in Jofane

und nur von bestimmten Frauen wurden Töpfe angefertigt (Tafel XXI), die sie dann an andere vertauschten.

Ton wurde zusammen mit alten Topfstücken auf einem Stein zu Pulver zerstampft und mit Wasser vermischt, gerollt und gewalzt. Kleine Gefäße wurden aus dem Vollen in Treibtechnik, große in Spiralwulsttechnik hergestellt (Abb. 81).

Der ganze Topf erforderte, von den vorbereitenden Arbeiten mit dem Tonklumpen abgesehen, 20-25 Minuten.

Zunächst stellte man die Töpfe für zwei Tage in den Schatten, dann trocknete man sie etwa eine Woche lang an der Sonne und brannte sie dann aufgehäuft mit wenig Holz eine bis zwei Stunden in einem Rindenhaufen. Vor dem Trocknen wurden Ornamente mit Kohle oder Rot aufgetragen oder mit einem Stäbchen eingeritzt, die dann nach Fertigstellung des Topfes mit Mehl oder weißem Kalk ausgestrichen wurden.

Die Bearbeitung von Holz und Kalebassen war Aufgabe der Männer. Erstere wurde oft von Einzelnen gewerbsmäßig betrieben.

Aus dem Holz bestimmter Bäume stellten sie eine Vielzahl von Gebrauchsgegenständen, Werkzeuge und Waffen, Musikinstrumente, Spielzeug, kleine Menschen- und Tierfiguren, Tanzkeulen und -stäbe her (vgl. Bildteil).

Die Holzgefäße wurden zunächst mit dem Beil roh vorgearbeitet, dann mit einer kleinen Axt und einem Krummmesser (Tafel XXII, Abb. 1,2) ausgehöhlt. Bohrer waren unbekannt, Löcher brannte man mit einem glühenden Eisenstab ein.

Tabaksfläschchen aus Ebenholz (Tafel XXII, Abb. 3) wurden aus dem Ganzen gearbeitet und mit einem kleinen Kratzer (Tafel XXII, Abb. 2) ausgehöhlt, wobei die der Männer länglich, die der Frauen rund waren.

Kalebassen (die Früchte des Flaschenkürbis) wurden zu Wassergefäßen, Trink- und Medizingefäßen, Schöpfern, Musikinstrumenten usw. verarbeitet (vgl. Bildteil).

Viele der erwähnten Produkte des Hausgewerbes bzw. Handwerks waren durch Ritz- und Brandmuster verziert. Schemel waren, ebenso wie Tabaksfläschchen, Nackenstützen, Tanzstäbe und -keulen, meist beschnitzt. Besonders beliebt als Motiv waren dabei die weiblichen Brüste, die man an Türschwellen, Mörsern, Schemeln, Trommeln und Musikbögen darstellte.

Türen und Vogelfiguren waren mit schwarzer, weißer oder roter Bemalung versehen.

## HÄUPTLINGSWESEN UND RECHTSPRECHUNG[6]

Als „sozial gehoben" galten nur die Familien der Ältesten, Häuptlinge und Oberhäuptlinge.

Oberhaupt eines Gehöftes war der jeweils älteste Mann.

Mehrere Gehöfte, etwa 100-200, hatten zusammen einen Häuptling. Mancher hatte auch nur 50-60 Gehöfte unter sich.

Innerhalb der Häuptlingsgebiete waren die einzelnen Gehöfte zu Gruppen (*guta*) zusammengefasst, denen je ein Unterhäuptling (*saguta*) vorstand.

Über diesen Unterhäuptlingen stand meist noch ein Oberhäuptling (*mambo, nkosi*) (Abb. 82).

Abb. 82:
Oberhäuptling Kuchwa bei Mossurize

Ein Oberhäuptling regierte über 10-15 Häuptlinge, die der gleichen Sippe wie er angehörten, also von gleicher Abstammung waren. Jeder Oberhäuptling hatte sein Speiseverbot (*mutupo*), das für das ganze Gebiet, auch bei den Häuptlingen, vorherrschend war.

Die Häuptlingswürde war in der männlichen Linie erblich. Unterhäuptlinge konnten, sobald triftige Gründe vorlagen, vom Oberhäuptling abgesetzt werden.

Die wichtigsten Häuptlinge (Dynastien) der Tombodji waren Mutema (Abb. 83), der als oberster Häuptling (*mambo mukuru*) galt, Musikavanhu (Abb. 83), der infolge seiner magischen Kräfte als Regenmacher für mächtiger als Mutema galt und Mapungana (Abb. 85).

Einen eigentlichen, allgemein anerkannten Oberhäuptling gab es weder für das Ndau-Volk insgesamt noch für eine der drei Stammesgruppen. In letzteren genoss allerdings der Herrscher der Dynastie, die als die älteste betrachtet wurde, ein größeres Ansehen als die übrigen Häuptlinge. Der Häuptling wählte sich aus den alten Männern zwei Berater (Abb. 83, 84) sowie zwei Boten, die ihm als Mittelspersonen zu seinen „Untertanen" dienten und deren Amt nicht erblich war. Zu einer Art persönlichem Diener

Abb. 83:
Die Tombodji-Häuptlinge Mutema (r.) und Musikavanhu (2. v. r.)
mit zwei Beratern

wählte sich gewöhnlich der Häuptling drei bis vier 16-18jährige Jünglinge aus, denen er später zum Dank oft auch Frauen seiner Familie gab, ohne für diese einen Brautpreis zu verlangen und Land zur Besiedlung und Bearbeitung zuwies. Diese Männer bildeten früher eine Art Leibgarde.

Zu wichtigen Angelegenheiten wurden meist die in der Nähe des Häuptlingsgehöftes wohnenden oder auch alle Unterhäuptlinge hinzugezogen.

Früher trug der Häuptling besondere Kleidungs- und Schmuckstücke als Zeichen seiner Würde, vor allem eine große runde Schneckenscheibe um den Hals (*ndoro*), ein Messer mit einem Griff aus Elefantenknochen oder Elfenbein, ein Zierbeil und einen eisernen Stab. Von der Kolonialverwaltung erhielt er als Zeichen seiner Würde im rhodesischen Gebiet eine halbmondförmige, mit dem rhodesischen Wappen versehene Messingplakette, die an einer Kette um den Hals getragen wurde (Abb. 83), im portugiesischen einen roten Fez (Abb. 84) und eine portugiesische Flagge, die jeden Sonntag gehisst wurde. Die Unterhäuptlinge, Berater und Boten hatten keine besonderen Abzeichen.

Abb. 84:
Oberhäuptling Hode mit Sohn und Ratgebern,
Danda in Ngomashla

Der Häuptling saß oder stand früher auf Löwen- oder Leopardenfellen, die an ihn zusammen mit den Zähnen und Krallen abgeliefert werden mussten und die auch nur er tragen durfte. Abgeliefert werden mussten dem Häuptling früher auch die weißen Muscheln aus dem Meer, aus dem der besondere Halsschmuck angefertigt wurde sowie bestimmte Fleischanteile der Jagdbeute und insbesondere Elefantenzähne. Ebenso überbrachte man ihm stets das sehr selten vorkommende Gürtel- oder Schuppentier, von dem man glaubte, es falle vom Himmel, dessen Genuss nur ihm vorbehalten war und das früher auch nur von ihm getötet werden durfte.

Jedes Gehöft seines Gebietes lieferte dem Häuptling jährlich nach der Ernte einen Korb voll Mais oder Hirse als Geschenk. Dem gegenüber bestand eine der vornehmsten Pflichten des Häuptlings darin, bei lang anhaltender Trockenheit und jedes Jahr nach Beginn der Pflanz- und nach Beendigung der Erntezeit im Beisein seiner „Untertanen" an den Gräbern seiner Vorfahren Opfer zu bringen, um so das Wohlergehen seines Stammes sicherzustellen. Auch suchte er nach der Ernte die einzelnen Gehöfte auf oder sandte seine Berater umher, um den Feldgeistern Dankopfer darzubringen.

Zu unentgeltlicher Arbeit für den Häuptling war niemand

Abb. 85:
Oberhäuptling Mapungana bei einer Gerichtsverhandlung,
Tombodji in Mount Selinda

verpflichtet, früher rief dieser aber die Leute auf, in seinen Feldern zu arbeiten. Es soll aber eine Art Frondienst für den Häuptling gegeben haben in der Form, dass er sich Leute auswählte, die er für sich arbeiten ließ, wofür sie eventuell eine Frau erhielten.

Im Unterschied zu gewöhnlichen Männern besaßen Häuptling 4-10 Frauen, die, besonders die Hauptfrau, meist aus anderen Häuptlingsfamilien stammten. Sie wohnten manchmal zusammen in einer einzigen Siedlung, häufiger jedoch getrennt in voneinander entfernt liegenden Gehöften.

Der gesamte Grund und Boden, d. h., Land, Wald und Weide waren nominell Eigentum des Oberhäuptlings, der ihn von seinem Vater erbte, bzw. der einzelnen unter ihm stehenden Unterhäuptlinge. Praktisch war er aber Gemeingut, d. h., das bearbeitete Feld gehörte dem Einzelnen, fiel aber nach Aufgabe des Feldes an den Oberhäuptling zurück. Auch verlassene Häuser und Fruchtbäume in großer Entfernung wurden so behandelt. Wollte sich jemand in einem Gebiet neu ansiedeln, ließ der Betreffende dem Häuptling durch einen seiner Berater bzw. Unterhäuptlinge ein Geschenk überreichen und ihn um seine Zustimmung bitten.

1931 bestanden die Aufgaben der Häuptlinge im wesentlichen darin, für die Durchführung der Anordnungen der Kolonialverwaltung zu sorgen. Sie waren eine Art Beamte und bekamen eine Entschädigung in Geld. Zu ihren Aufgaben und Pflichten gehörte die Herstellung und Instandhaltung von Wegen und Unterkunftshäusern für Europäer, vor allem aber das Eintreiben der Hüttensteuer. Ihre Hauptaufgabe bestand allerdings in der Schlichtung von Streitigkeiten als erste oder auch zweite Instanz, wobei ihnen die ältesten Männer und die Berater halfen (Abb. 85).

Die Rechtsprechung oblag in leichten Fällen den Unterhäuptlingen, in schweren dem Oberhäuptling. Alle Streitigkeiten wurden zunächst gewöhnlich vor den Unterhäuptling des betreffenden Gebietes gebracht, und erst wenn sich dieser für unzuständig erklärte oder wenn eine der beiden Parteien mit seiner Entscheidung nicht einverstanden war, dem Oberhäuptling unterbreitet.

In regelmäßigem Turnus stattfindende Gerichtstage waren unbekannt, sie wurden nur nach Bedarf abgehalten. Der Häuptling setzte einen Tag zur Verhandlung an und ließ den Beklagten durch einen seiner Boten zu ihr vorladen. Sie fand im Schatten eines Baumes im Häuptlingsgehöft statt und war öffentlich. Jede Partei vetrat selbst ihre Sache und musste von sich aus Zeugen oder Gegenzeugen beschaffen. Geschworen wurde beim Namen eines verstorbenen Verwandten oder Häuptlings oder auch bei dem des höchsten Wesens (mwari). Zog der Ankläger seine Anklage zurück oder stellte sich im Laufe der Verhandlung oder aufgrund eines Ordals die Unschuld des Angeklagten heraus, so konnte dieser die Bestrafung des Klägers verlangen, da durch ihn sein guter Ruf geschädigt worden war.

Der Häuptling fällte, nachdem er beide Parteien sowie die Meinung seiner Berater und etwaiger anderer Beisitzer angehört hatte, das Urteil, das ohne weiteres in Kraft trat, wenn der Angeklagte sich ihm unterwarf. Andernfalls blieb früher, zumal wenn der Verurteilte es verlangte, nichts weiter übrig, als einen Zauberdoktor (nyanga) herbeirufen zu lassen. Dessen Aufgabe war es dann, mit Hilfe eines Ordals Schuld oder Unschuld eindeutig und endgültig festzustellen. Das Strafrecht war im wesentlichen auf dem Prinzip der Wiedergutmachung aufgebaut. Den Schaden, den man einem anderen zugefügt hatte, musste man ihm voll ersetzen. Seine Höhe wurde in Zweifelsfällen vom Häuptling eingeschätzt.

Ein Vater haftete für seine Kinder, die Sippe (rudzi) für ihre Angehörigen. Hatte sich eine Frau eines Vergehens schuldig gemacht, hatte für sie nicht ihr Ehemann einzustehen, sondern ihre Blutsverwandtschaft, insbesondere ihr Vater.

## ZAUBERDOKTOREN[6]

Eine wichtige Rolle im Leben der Ndau und Hlengwe spielten „Zauberdoktoren", von denen es männliche (*nyanga*, im Tiefland auch *bezi* genannt – „der Steine wirft") (Abb. 86) und weibliche (*nyamsoro, nyamosoro*) (Abb. 87) gab. Sie waren phantastisch herausgeputzt. Das Kopfhaar scho-

ren sie sich manchmal ringsum kappenförmig ab, rieben es mit einer Mischung aus roter Erde und Öl ein und drehten es dann in unzählige lange Strähnen. Meist trugen sie aber eine aus Rindenbastfasern geflochtene Kappe, *chifungo* (Tafel XXVII, Abb. 1), die ebenfalls mit roter Farbe und Öl bestrichen oder – seltener – mit Kaurischnecken

Abb. 86:
Zauberdoktor der Hlengwe in Jofane

Abb. 87:
Zauberdoktorin der Hlengwe in Jofane

82

oder Glasperlen besetzt oder von einem mit Kauri-schnecken besetzten Lederband umwunden war, oft auch mit einem Streifen Pythonhaut. An einer Schnur um den Hals trugen sie eine runde Scheibe, die früher aus einem Stück Schneckengehäuse, aus dem Meer bei Mucoque stammend, 1931 bereits aus Porzellan (Tafel XXVIII, Abb. 1) gefertigt wurde, aneinandergereihte Eichhörnchenschwanzstücke, mit roter Erde bestrichene, zuweilen mit Glasperlen verzierte Schnüre sowie Amulettgehänge (Tafel XXVIII, Abb. 2) mit kleinen Rohrzylindern, Antilopenhörnern, Löwen-, Leoparden- und Krokodilzähnen. Sie waren alle mit Medizinen gefüllt. Quer über der Brust trugen sie an Schnüren hängende oder in Tuchstreifen eingebundene Amulette, Tierbälge und Schlangenhäute. Zur Tracht gehörten weiterhin ein Geparden-, Leoparden- oder Hyänenfell auf dem Rücken oder am Gürtel, um die Schulter ein Strick, um die Hüften mit roter Erde bestrichene Schnüre und Luchsbälge oder Schurze aus Palmblattstreifen sowie an den Armen und Beinen Knöchelreife aus großen Eisen- oder Messingperlen. In den Händen hielten sie einen aus einem Hyänen- oder Rosshaarschwanz bestehenden Wedel, dessen Griff mit Kaurischnecken-häusern besetzt war und eine Tanzaxt (Tafel XXVIII, Abb. 3). Die weiblichen Zauberdoktoren trugen statt der Axt einen langen beschnitzten Bambusstab und eine ausgenommene Frucht mit einem Knochenstück darin, so dass das Ganze wie eine hölzerne Glocke wirkte. Zur Ausrüstung der Zauberdoktoren gehörten ferner mit Medizin gefüllte Kalebassen und Antilopenhörner.

Ausschließlich den Zauberdoktoren stand es zu, kleine, mit Brand- und Ritzmustern verzierte, geschnitzte Holzschemel (Tafel XXVII, Abb. 2) ständig zu benutzen sowie runde geflochtene Deckelkörbe (Tafel XIX, Abb. 2), in denen sie ihre Ausrüstungsgegenstände und Medizinen aufbewahrten. Flache, tamburinartige Reifentrommeln (Tafel XXIII, Abb. 2) sollen hauptsächlich von den Zauberdoktoren verwendet worden sein.

Die Zauberdoktoren waren zeitweise von Geistern (*mandiki*) besessen, mit deren Hilfe sie ihre Kunst aus-zuüben vermochten. Diese Geister gingen in den Körper des Zauberdoktors über, wenn er seine Tracht anhatte. Gewöhnlich hielten sie sich in dem erwähnten Deckelkorb auf. Würde der Zauberdoktor den Korb veräußern, würde dies den Geist erzürnen, und er würde den Zauberdoktor erkranken lassen und schließlich töten. Starb der Zauberdoktor, so ging der Geist in eines seiner Kinder über, der des *nyanga* in einen Sohn, der der *nyamsolo* in eine Tochter.

Mit Hilfe dieser Geister verstanden es die Zauberdoktoren, die Ursachen für Unglück, Krankheiten und Tod festzustellen und die nötigen Gegenmaßnahmen zu treffen, Amulette (Tafel XXIX) und Medizinen aus zauberkräftigen Substanzen anzufertigen, durch Werfen von *hakata* (Knochen, Schildpattstücke, Schneckengehäuse, Steinfrüchte usw.) wahrzusagen und Ordale anzustellen. Meist waren sie in allen diesen Tätigkeiten bewandert. Aber es gab auch manche, die nur *hakata* warfen und Ordale anstellten und andere, die nur Medizinen und Amulette anfertigten und Kranke heilten.

Die *hakata*, die in einem aus Palmblattstreifen geflochtenen, zuweilen mit Fell überzogenen Tragtäschchen (Tafel XXX) oder einem Fellbeutel aufbewahrt wurden, hatten verschiedene Namen und Bedeutung. Beim Wahrsagen schüttelte sie der Zauberdoktor zwischen den geschlossenen Händen durcheinander und warf sie dann alle zugleich auf eine Matte. Aus der Lage der einzelnen *hakata* zueinander wurde wahrgesagt (Abb. 88).

Abb. 88:
Ndau beim Wahrsagen mit *hakata*

Um den Schuldigen am Tod eines Menschen zu ermitteln, ging man zuerst zu dem Zauberdoktor mit den 6 Würfeln nach Art der Ndau (gleichaussehende Würfel aus den Hälften einer Fruchtschale). Die Hlengwe-Art des *hakata* wurde angeblich nur in Krankheitsfällen, aber nicht bei Todesfällen benutzt.

Endgültig für schuldig wurde ein Mensch oft erst dann gehalten, wenn ihn zwei *nyanga* dafür erklärten. Stimmten diese nicht überein, ging man auch zu einem dritten.

Ihre Konsultationen erteilten die Zauberdoktoren oft in einem um einen Baum geführten Stangenrund, das unweit ihres Gehöftes lag und an das die Besucher die als Geschenke und als Bezahlung mitgebrachten Hühnertragkörbe mit Hühnern, Tücher, Schmucksachen usw. hängten (Abb. 89, 90). In Krankheitsfällen erhielten die Zauberdoktoren für ihre Bemühungen ein Huhn, einen Korb Getreide oder einen Shilling, in Todesfällen 1-2 £.

Leute, die sich von guten Geistern besessen glaubten, die ihnen außergewöhnliche magische Kräfte verliehen, traten als Lehrlinge bei einem Zauberdoktor ein. Gewöhnlich hatte ein Zauberdoktor zwei solche Gehilfen, die ihn bei der Ausübung seiner Künste unterstützten und sich so auf ihr zukünftiges Amt vorbereiteten.

Abb. 89:
Inneres des Konsultationszimmers von Abb. 90

Abb. 90:
Konsultationszimmer eines Zauberdoktors der Danda bei Muchewe

## Anmerkungen:

1 Vgl. Publikationsverzeichnis Spannaus (S. 181)

2 Nachfolgend genannte Manuskripte wurden herangezogen:
   1) Fragmente zu einer Völkerkunde der Shengwe am Sabi in Portugiesisch-Ostafrika von Dr. K. Stülpner. (17 Seiten)
   2) Völkerkundliche Notizen über die Ndau von Dr. K. Stülpner (46 Seiten)
   3) Dr. Spannaus, Die Kultur der Ndau-Gruppe. Gesellschaft (46 Seiten)

3 Ethnographische Aufzeichnungen aus dem Tagebuch von Dr. Spannaus. Mosambikexpedition des Forschungsinstitutes 1931. (63 Seiten)

4 Ein sich bei den Expeditionsunterlagen befindliches Konvolut unterschiedlichster Ausarbeitungen enthält auch einen Bericht Kurt Stülpners über die Durchführung und den Stand der ihm von der Notgemeinschaft der Deutschen Wissenschaft aufgetragenen Bearbeitung der Ergebnisse der Moçambique-Expedition des Staatlich-Sächsischen Forschungsinstitutes für Völkerkunde zu Leipzig vom 18. März 1934.
Dem Bericht beigefügt ist eine Übersicht der bis dahin in die endgültige Fassung gebrachten Kapitel und Abschnitte. Diese lässt den Schluss zu, dass Stülpner die Kapitel „Der Hackbau" sowie „Die Nahrungs- und Genußmittel" (insgesamt 37 Seiten) und „Das gesellschaftliche Leben" (34 Seiten) fertiggestellt hatte. In letzterem fehlte der Abschnitt „Das Verwandtschaftssystem", das sich noch in Bearbeitung befand. Die ebenfalls fehlenden Anmerkungen sollten erst am Ende der gesamten Arbeit nach Kapiteln geordnet zusammengestellt werden.
Das Kapitel „Das gesellschaftliche Leben" ist identisch mit dem unter Anmerkung 2, Punkt 3) genannten Manuskript von Günther Spannaus, der lediglich zwei Unterabschnitte herauslöste mit der handschriftlichen Randbemerkung „Besser zu Verwandtschaftssystem!". Für seine späteren Publikationen griff Spannaus auf die Manuskripte von Stülpner zurück.

5 Da die herangezogenen Manuskripte keine zusammenfassende Darstellung zur Geographie des Expeditionsgebietes und zu dessen Bewohnern enthalten, wurde dafür auf eine publizierte Arbeit von Spannaus zurückgegriffen (Publikationsverzeichnis Spannaus). Angaben aus dieser Publikation wurden auch in den Abschnitt „Siedeln und Wohnen" aufgenommen.

6 Grundsätzlich wird auf das von Spannaus und Stülpner verwandte Vokabular zurückgegriffen, Abweichungen davon sind angemerkt. Dem Verfasser ist bewusst, dass dieses Vokabular in vielen Fällen nur noch wissenschaftsgeschichtlich anwendbar ist und nicht der heutigen Terminologie entspricht. Eine Umstellung der Begriffe auf letztere würde aber den Rahmen der vorliegenden Arbeit sprengen.
Dies betrifft neben Termini aus dem Bereich der materiellen Kultur und Wirtschaft (z. B. „Hackbau") vor allem solche aus dem gesellschaftlichen bzw. magisch-religiösen Bereich (z. B. „Sippe", „Stamm", „Volk", „Häuptling", „Regenmacher", „Zauberdoktor", „Medizin", „Orakel", „Ordal"). Soweit Spannaus und Stülpner sie verzeichneten, werden auch die entsprechenden von den Ndau dafür verwandten Begriffe (kursiv) angeführt.

7 Die hier zusammengefassten Angaben finden sich bei Spannaus und Stülpner in Manuskript- bzw. Gliederungsabschnitten, die überschrieben sind mit „Name und gesellschaftliche Gliederung" bzw. „Überlieferungen".

8 Entsprechende Angaben wurden von Spannaus und Stülpner unter „Haus und Siedlung" abgehandelt, die Behausung selbst aber als „Hütte" eingestuft. Diese abwertende Bezeichnung wurde vom Verfasser, von wenigen begründeten Ausnahmen abgesehen, durch den Begriff „Haus" ersetzt.

9 Eine derartige Materialzusammenstellung findet sich weder in den Manuskripten von Stülpner und Spannaus, noch in den publizierten Arbeiten von letzterem.
Sie wird hier in Anlehnung an die Konzeption der Ausstellung, die eine entsprechende Darstellung aus gestalterischen Gründen angemessen erscheinen lässt, gewählt. Entsprechende Angaben finden sich, in den Manuskripten verstreut, in Abschnitten wie „Jagd und Fischfang", „Handel und Verkehr", „Schifffahrt".

10 Der Begriff „Bodenbau" wird von Spannaus und Stülpner gleichberechtigt neben „Anbau", „Ackerbau" oder „Hackbau" verwandt. Die hier vom Verfasser angeschlossene Darstellung von Fragen der Speicherung und Weiterverarbeitung der Ernte wurde in den Manuskripten nicht im Zusammenhang mit dem Bodenbau, sondern verstreut in anderen Abschnitten abgehandelt.

11 Spannaus und Stülpner sprechen gleichermaßen von „Haltung" und „Zucht" von Tieren bzw. Vieh. Der Begriff „Viehhaltung" wird vom Verfasser dem der „Viehzucht" vorgezogen, da nach Stülpner bei keiner der Tierarten Wert gelegt wurde auf besondere Pflege oder eine bestimmte Rasse.

12 Im Sinne von Anmerkung 6 kann im vorliegenden Beitrag nicht darauf eingegangen werden, ob es sich bei der von Spannaus und Stülpner unter „Techniken" abgehandelten Baumwollverarbeitung, Metallbearbeitung, Töpferei usw. noch um „Hausgewerbe" oder bereits um „Handwerk" handelte. Alle diesbezüglichen Bemerkungen aus den Manuskripten werden wiedergegeben.

## GESANG, TANZ UND MUSIKINSTRUMENTE NACH DEN NOTIZEN VON SPANNAUS UND STÜLPNER

*Christine Seige*

Zahlreiche Beobachtungen von Spannaus und Stülpner belegen, dass Musik und Tanz sowohl im individuellen wie auch gesellschaftlichen Leben der Ndau und Hlengwe eine bedeutende Rolle spielten. Die Vielfalt der Musikinstrumente und ihr teilweise hohes Konstruktionsniveau zeigen ein intensives Bemühen seit alters her um die Verbesserung der musikalischen Ausdrucksformen und der angestrebten Klangqualitäten. Es wurde auch sehr viel gesungen, ob für das einschlafende Kind, ob bei der Feldarbeit, bei Zeremonien zur Austreibung von Krankheiten oder bei den Ahnenzeremonien, mit und ohne instrumentale Begleitung. Gesellschaftliche Anlässe verschiedenster Art wurden mit der Aufführung bestimmter Tänze verbunden, die sich durch unterschiedliche Kombinationen von Tanz- und Trachtenelementen auszeichneten. Spannaus und Stülpner haben zahlreiche Musikinstrumente, die in mehreren Varianten die großen Instrumentengruppen Membranophone, Cordophone, Aerophone und Idiophone repräsentieren, erworben und zahlreiche Informationen über ihre Herstellung und Spielweise, ferner zu Tänzen und Tanztrachten aufgenommen. Gesänge wurden als Phonogramme auf Wachswalzen dokumentiert.

Spannaus betont in einem Artikel über das damalige Portugiesisch-Ostafrika, dass die Musik der einheimischen Bevölkerung „ … auf einer beachtlichen Höhe steht und eine bodenständige komplizierte Vielstimmigkeit kennt".[1] Viele der Gesänge, die von Frauen und Männern in Gruppen gesungen wurden, waren zwei- und dreistimmig, wobei ein Vorsänger oder eine Vorsängerin und der Chor, der einen Refrain sang, sich abwechselten. Bei bestimmten Gesängen wurde die Kopfstimme eingesetzt, zum Beispiel bei Liedern „für alte Freunde".[2]

Zu einigen Gesängen konnte Spannaus Angaben zu ihrem ökonomischen oder sozialen Kontext erhalten. *Mbunga* war ein Gesang, den nur Frauen gesungen haben. Sie sangen ihn, wenn das Getreide durch einen Schädling zerstört wurde, und vollzogen dazu eine Zeremonie. Neben einer Reihe von Kriegsgesängen gab es besondere Gesänge für als Helden verehrte Vorfahren. Auch sie wurden in den zeremoniellen Ablauf gesellschaftlich bedeutsamer Ereignisse eingebettet, die zu bestimmten Zeiten stattfanden. So versammelten sich die Oberhäupt-linge der Ndau zu Beginn des Jahres am Gehöft des als Helden verehrten Zulu-Herrschers Gungunyana und sangen dort ein Dankeslied an die Vorfahren.

Im Tagebuch von Spannaus sind zahlreiche Tänze namentlich aufgelistet. Sie werden mit Angaben der Informanten erklärt und ergänzt durch Bemerkungen zu wichtigen Regeln, unter anderem hinsichtlich der Teilnehmer: ob Frauen oder Männer tanzten, welchen Alters die Tänzer waren oder ob es sich zum Beispiel um einen Tanz des *nyanga* (Zauberdoktors)[3] oder der *nyamsoro* (Zauberdoktorin) handelte. Mit der mehrfach auftretenden Aussage „Man sieht das Weiße in den Augen", vor allem bei Tänzen der *nyamsoro* (z. B. die Tänze *maroswi* und *marombi*), wird auf Trance oder „Besessenheit" hingewiesen. Spannaus bemerkt dazu an anderer Stelle, dass dieses Phänomen bei vielen ethnischen Gruppen im Gebiet des heutigen südlichen Moçambique, im Sambesi-Gebiet und bis zu den Yao im Norden dieser Region festzustellen ist.[4] Bei einer ganzen Reihe von Tänzen ist aus den Notizen von Spannaus der sozioreligiöse Hintergrund mehr oder weniger zu erkennen; zu anderen liegen keine Erläuterungen vor. Unter den mit dem Ahnenkult verbundenen Tänzen der Ndau notierte Spannaus zu dem Tanz *ngoma dze kudira*, den man mit Gesang begleitete: „Verehrungsgesang: *mudzimu ndireke doro ndabika* Verehren des Geistes. Geist mach mich lange leben, ich habe dir das Bier gegeben." Zum Tanz *mazinda*, dessen Bezeichnung der Name eines vor langer Zeit Verstorbenen war, finden wir die Information: „[…] dazu: Blutessen von Huhn aus Holzschüsseln, auch rohes Fleisch; kann jeder tanzen." Stülpner erwähnt in seinen Notizen zu den sich über Monate verteilenden Begräbniszeremonien der Ndau Bierfeste mit Tänzen und Gesängen, durch die man den Verstorbenen ehren wollte. Mehr weltlich scheinen die Tänze *chinyanbera* und *chigande* gewesen zu sein. Sie wurden von Männern und

Frauen, jung und alt getanzt, meist nach Geschlechtern getrennt, und von Händeklatschen, Rasseln bzw. Fußrasseln begleitet. Nach erfolgreicher Jagd tanzten die Jäger rhythmisch klatschend den Jagdtanz *chidzimba*. Notizen von Spannaus über die „Kriegsorganisation in Friedenszeiten" legen die Vermutung nahe, dass individuell von den Kriegern Tänze vor dem Oberhäuptling vorgeführt wurden, deren Länge sich nach ihrem Erfolg im Kriege richtete.

Frauen und Männer trugen während der Tänze bestimmte Kleidungs- und Schmuckstücke, Fußrasseln sowie zu dem jeweiligen Tanz gehörige Accessoires, wie geschnitzte Tanzäxte, Keulen oder Tanzstäbe, die mit Ritz- oder Brandmustern verziert waren (Taf. XXXVI, XXXVII).[5] Zur Tanztracht der Männer gehörten ein Kopfstutz aus Straußenfedern, von den Zulu übernommen, oft auch einzelne tangential im Haar befestigte Federn, um die Hüfte ein Schurz aus Tierfellstreifen, an den Oberarmen und Waden breite Fellstreifen mit Tierhaarbüscheln. Um die Knöchel trugen sie Rasseln aus getrockneten Fruchtkapseln oder Fruchtkernen, zum Teil auch aus Palmblattstreifen geflochtenen und mit Steinchen oder Kernen gefüllten Behältern. Meist drei durchbohrte Kapseln wurden auf Stricke oder auf Stäbe aufgereiht, die dann nebeneinandergebunden wurden. Die Frauen trugen zum Tanz ornamentierte Schurze aus Palmblattstreifen und eine rote Gesichts- und Haarbemalung aus einem Gemisch von roter Erdfarbe und einem speziellen Fruchtkernöl. In den Händen hielten sie kurze, mit kleinen Knäufen versehene Keulen oder lange, schön beschnitzte Bambusstäbe, vielfach auch Stabrasseln, kleine, mit einem Stab durchbohrte und mit Steinchen oder Fruchtkernen gefüllte Kalebassen. Welche zu bestimmten Tänzen gehörige Gegenstände noch getragen wurden, zeigen eine ganze Reihe der von Spannaus notierten Tänze. So gehörten zum Tanz *mandhlozi* ein Leopardenfell und eine Pythonhaut, aber auch das Fell von Wildhund, Ochse, Pavian oder einer Wildkatze; ferner ein Zulu-Schild, ein Speer sowie ein Arm- und Beinfell mit langen Haaren. Zum Tanz *marozwi* gehörten Pythonhaut, rote Perlen, eine lange Feder und ein Fellschurz.

Nach Beobachtungen von Spannaus und Stülpner gab es weder bei den Nndau noch den Hlengwe Maskentänze. Wo welche bekannt waren, sollen sie auf fremden Einfluss, zum Beispiel aus der Umgebung von Johannesburg, zurückzuführen gewesen sein.

Die die musikalischen Gestaltungen der Ndau und Hlengwe begleitenden Musikinstrumente wurden in ihren Haupttypen von Spannaus und Stülpner vermutlich komplett gesammelt und Einzelheiten zu den Anlässen ihrer Verwendung, ihrer Herstellung und Spielweise dokumentiert.

Unter den Trommeln finden wir als vorherrschenden Typ die *ngoma* genannte Holztrommel (Tafel XXIII, Abb. 1), von der Spannaus und Stülpner eine ganze Serie in verschiedenen Größen und Gestaltungsvarianten sammelten. Von Männern und Frauen gebraucht, wurde sie nach Stülpner mit den Händen oder Holzschlegeln gespielt. Nicht einheimisch im Gebiet der Ndau und Hlengwe sind wohl seltener vorkommende zylindrische Holztrommeln. Der Holzkörper der *ngoma*-Trommel (in kleinen Größen *chingoma* genannt) ist paukenförmig rund oder länglich und besitzt im Boden ein kleines Loch für die Luftzirkulation. Die Tierhautmembran ist mit einer Holzpflockbespannung befestigt, unter die häufig zur Stabilisierung noch ein Fellstreifen unterlegt ist. Zuweilen ist am Trommelkörper das in verschiedenen Bereichen der materiellen Kultur auftretende Motiv weiblicher Brüste zu finden. Die Herstellung der *ngoma*-Trommeln lag in den Händen der Männer und wurde teilweise gewerbsmäßig betrieben. Für den Trommelkörper wurde ein mit einem Beil zugehauener Holzblock zunächst unter einem Rindergehege vergraben und einen Monat dort gelassen. Erst dann wurde er mit einer kleinen Axt und einem Krummmesser ausgehöhlt. Das Loch im Trommelkörperboden wurde mit einem glühenden Eisenstab eingebrannt. Nach der Bespannung mit der Tierhautmembran bestrich man die Trommel mit Kuhdung, um ein Platzen der Trommel zu verhindern.

Wohl überwiegend von Zauberdoktorinnen und -doktoren benutzt wurde die runde einfellige Rahmentrommel *chomana*. Die in Tafel XXIII, Abb. 2, gezeigte Trommel stellt mit dem Griff unter den in der Sammlung vorhandenen eine Ausnahme dar. Die übrigen besitzen keinen Griff und werden am Rahmen gehalten. Der schmale Rahmenreifen besteht aus einer dünnen gebogenen Holzlatte. Die Tierhautmembran, am Rand durch einen Fellstreifen verstärkt, ist mit schmalen langen Holzpflöcken über den Reifen gespannt.

Vereinzelt wurde von Spannaus und Stülpner das Vorkommen einer Reibtrommel beobachtet, die mehr im Küstengebiet von Zentralmoçambique im Gebrauch war. Es handelte sich um eine zylindrische Trommel ohne Boden mit durchbohrter Fellmembran. In der Bohrung war ein Stab befestigt, der gerieben wurde. Das Geräusch war eben so weit wie das einer Trommel zu hören.

Ein nach den Erkundungen von Spannaus und Stülpner von Männern unterschiedlichen Alters hergestelltes und vielfach im individuellen Gebrauch gespieltes Musikinstrument ist der Musikbogen. Er kam bei den Ndau und Hlengwe in den bekannten afrikanischen Grundtypen und einigen Sondertypen vor, stellt aber wohl die einzige gebrauchte Art aus der Gruppe der afrikanischen Saiteninstrumente dar. Der Musikbogen besteht meist aus einem gebogenen Ast, zwischen dessen beiden Enden eine Saite, die unterschiedlichen Materials sein kann, gespannt ist und bei deren Schwingungen Klänge bzw. Melodien erzeugt werden.

Zu den ältesten Formen des Musikbogens gehört der Mundbogen, der bei den Ndau und Hlengwe zur Zeit der Moçambique-Expedition mindestens in drei Formen vertreten war. Der *chidangari*-Mundbogen ist ein sehr kleiner Musikbogen, der mit Mundhöhlenresonanz gespielt wird. Die Drahtsaite wurde mit einem Stäbchen geschlagen oder mit der Hand gezupft. Nach Spannaus von „Jungens" hergestellt und benutzt wurde der Schrapbogen *chimadzambi* (Tafel XXIV, Abb. 1). Er besitzt auf der Innenseite zahlreiche Kerben und ist mit einem Palmblattstreifen bespannt. Die Kerben wurden mit einem Rasselstab gerieben bzw. geschrapt. Die Mundhöhlenresonanz wurde an der Blattseite erzeugt. Ebenfalls mit Mundhöhlenresonanz gespielt wurde der Musikbogen *chimapendana*. Der abgebildete Bogen besitzt geometrische Brandmuster und auf der Innenseite die stilisierte plastische Darstellung des Oberkörpers einer Frau (Tafel XXIV, Abb. 2).

Nur in der Grösse unterscheidet sich der kleinere Musikbogen *chitende* vom größeren *dimbgi* (Tafel XXIV, Abb. 3). Die Resonanz wurde bei beiden durch eine am Bogen befestigte Kalebasse erzeugt, deren offene Seite beim Spielen gegen die linke Brust gedrückt wurde.

Eine interessante Sonderform stellt der Musikbogen *mundhlakude* dar. An einem Riedgrasbogen befindet sich eine Adlerfeder. Beim Spielen wurde der Mund auf die Feder gedrückt und dabei abwechselnd Luft eingezogen und ausgestoßen.

Zur musikalischen Gestaltung der unterschiedlichen gesellschaftlichen Ereignisse im Leben der Ndau und Hlengwe dienten neben Trommeln vor allem auch Xylophone (Sing. *marimba*), von denen oft mehrere in einer Musikgruppe zusammenspielten. Dies trifft möglicherweise besonders für die Hlengwe zu, von denen Spannaus und Stülpner zwei recht differenziert konstruierte Xylophone erwarben. Bei den Ndau stellten sie dagegen nur die wesentlich einfachere Erdmarimba fest (Abb. 91). Sie bestand aus einem entsprechend großen Erdloch zur Resonanzverstärkung, über dem auf Strohunterlagen und mit Holzpflöcken die Klanghölzer montiert waren.

Die von den Hlengwe erworbenen Xylophone sind Tragbügelxylophone mit Resonanzkalebassen (Tafel XXV, Abb. 1,2). Die Instrumente sind durch ihren Erhaltungszustand hinsichtlich ihrer Klang- und Resonanzqualitäten heute zwar nicht mehr messbar, aber ihre bauliche Konstruktion zur Resonanzverstärkung weist auf einen hohen Wirkungsgrad hin. Jede unter einem Klangholz befindliche Kalebasse wird durch einen angeklebten kleinen Kalebassentrichter verstärkt. Zwischen beiden ist die Öffnung zur Erzeugung von Klangvibrationen mit Spinneneihaut beklebt. Mit einer zweiten Öffnung ist die Resonanzkalebasse an die Durchbohrung des Mittelbretts geklebt, so dass beim Spielen eine direkte Schwingungsübertragung und damit eine sehr wirkungsvolle Klangverstärkung vom Klangholz durch das Brett und die Kalebasse und, schließlich in Vibration versetzt, durch den Kalebassentrichter erfolgte.

Ein weiteres, von den Ndau und Hlengwe häufig benutztes und wie bei sehr vielen afrikanischen Völkern sicher sehr beliebtes Musikinstrument war das Zupfinstrument (Lamellophon) *mbira* (Tafel XXVI, Abb. 1). Die abgebildete *mbira* stellt organologisch einen sehr fortgeschrittenen Typ von Lamellophon dar. Auf einem ausgehöhlten quaderförmigen Resonanzkörper aus leichtem Holz sind in zwei Reihen 23 eiserne Lamellen befestigt, die entsprechend der gewünschten Tonskalen genau gestimmt sind. Mit den Metallblättchen, die auf dem vorderen Teil des Resonanzkörpers befestigt sind, wurde beim Spielen ein zusätzlicher Rasseleffekt erzielt. In beiden Händen das Instrument haltend, zupfte der Spieler die Lamellen mit den Daumen. Die *mbira* wurde nach Stülpner von „bestimmten Männern" hergestellt. Sie arbeiteten die Schallhöhle des Resonanzkörpers mit einem heißen Eisen, einer schmalen Axt und dem Krummmesser aus. Die Lamellen stellten sie aus platt geschlagenen Nägeln oder

Abb. 91: Knaben der Ndau beim Spielen der Erdmarimba

aus Stücken von Eisenbändern her und befestigten sie durch Bügelkonstruktionen am Resonanzkörper. Dieser wurde gern mit geometrischen Ritzornamenten verziert. Neben der *marimba*, *mbira* und den bereits oben erwähnten Tanzrasseln sind unter den von Spannaus und Stülpner gesammelten Idiophonen zwei weitere Rasseltypen zu nennen. Von Mädchen hergestellt und benutzt wurden eine Brettrassel und ein Rasselball. Beide sind nach Stülpner nur bedingt als Musikinstrument zu bestimmen, da sie als Kinder der sie besitzenden Mädchen angesehen wurden. Berührte man sie, musste man der Eigentümerin ein kleines Geschenk machen. Die Brettrassel *chikidzi* wurde floßartig aus Rohrhalmen zusammengesetzt, die mit Steinchen, Maiskörnern oder Früchten gefüllt wurden. Der Rasselball *munyokari* (Tafel XXVI, Abb. 2) wurde aus der Innenhülle der Frucht des *mutamba*-Baumes hergestellt. In der mit Löchern versehenen Innenhülle, im Durchmesser acht bis neun Zentimeter groß, blieben nach dem Trocknen nur die größeren Fruchtkerne als Rasselelemente zurück. Die Sammlung Spannaus/Stülpner beinhaltet auch eine Reihe unterschiedlicher Blasinstrumente. Darunter befinden sich die Querflöte *muranzi*, die drei Schalllöcher besitzt, und das *mbundu* genannte Blashorn aus Tierhorn. Spannaus notierte in seinem Tagebuch das Blashorn *ngwana*, ein Antilopenhorn, auf dem nur ein Ton erzeugt wurde. Ferner wird eine Art Panflöte (*manyere*) erwähnt, aus vier oder fünf zusammengebundenen Bambus- oder Rohrzylindern bestehend, die von Bettlern gespielt wurden.

**Anmerkungen**

[1] Spannaus, 1947, S. 1064.

[2] Ethnographische Aufzeichnungen aus dem Tagebuch von Dr. Spannaus. Mosambikexpedition des Forschungsinstitutes 1931, S. 49.

[3] Siehe Beitrag Blesse, Anm. 6

[4] Spannaus, 1947, S. 1062

[5] Nachfolgende Angaben nach Spannaus und Stülpner (siehe Manuskripte).

**Quellen**

Manuskripte:

- Ethnographische Aufzeichnungen aus dem Tagebuch von Dr. Spannaus. Mosambikexpedition des Forschungsinstitutes 1931.
  (63 Seiten)
- Fragmente zu einer Völkerkunde der Shengwe am Sabi in Portugiesisch-Ostafrika von Dr. K. Stülpner. (17 Seiten)
- Völkerkundliche Notizen über die Ndau von Dr. K. Stülpner (46 Seiten)

Weiterführende Literatur:

- Ankermann, B. Die afrikanischen Musikinstrumente.
  In: Ethnologisches Notizblatt, Bd. III. H. 1, S. 1-134. Berlin 1901.
- Anon. Catálogo de instrumentos musicais de Moçambique. Maputo 1980.
- Dias, M. Instrumentos musicais de Moçambique. Lisboa 1986.
- Duarte, Marai da Luz. Os arcos musicais em Moçambique.
  In: Música traditional em Moçambique. S. 46-58. Maputo 1980.
- Lutero, M./Pereira, M. Nyanga - a dança das flautas.
  In: Música tradicional em Moçambique. S. 60-71. Maputo 1980.
- Spannaus, G. Portugiesisch-Ostafrika. In: Afrika: Handbuch der angewandten Völkerkunde. Bd. II. Hrsg.: H.A. Bernatzik. Innsbruck 1947.

# BILDTEIL

(Höhe: 164 cm; Breite: 61 cm)

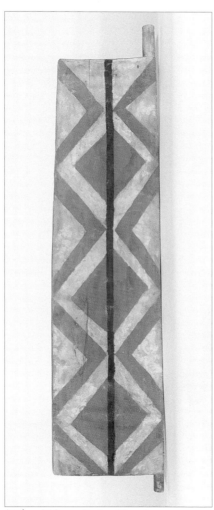

(Höhe: 168 cm; Breite: 38 cm)

(Höhe: 186 cm; Breite: 37,5 cm)

Geflochtene Haustür, Hlengwe (Höhe: 138 cm; Breite: 72 cm)

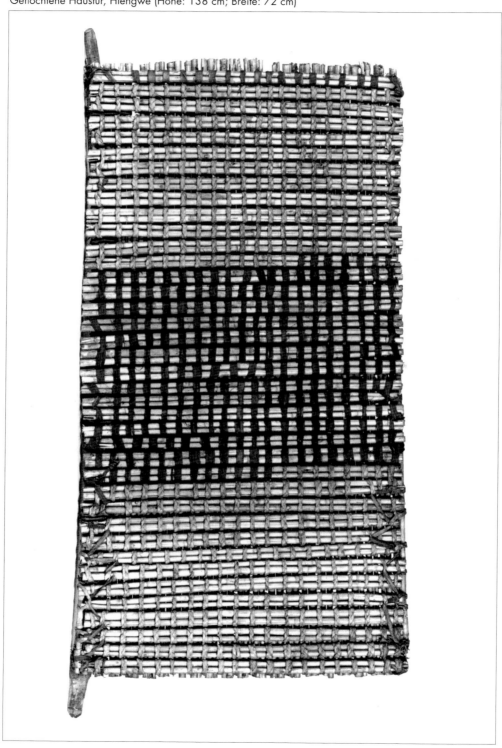

Abb. 1:
Rohling für Nackenstütze, Ndau (Länge: 17 cm; Höhe: 12 cm; Breite: 10 cm)

Abb. 2:
Nackenstütze, roh behauen, Hlengwe (Länge: 23 cm; Höhe: 15 cm)

Abb. 1: Nackenstütze, Ndau (Länge: 23 cm; Höhe: 15 cm)

Abb. 2: Nackenstütze, Hlengwe (Länge: 23 cm; Höhe: 15 cm)

Geschnitzte Tierfiguren, Ndau

Abb. 1: Vogel als Dachaufsatz (Höhe: 28 cm; Länge: 10 cm)

Abb. 2: Hund (Länge: 15 cm; Höhe: 7 cm)

Abb. 1:
Holzschlegel zum Festklopfen
des Hüttenbodens, Ndau (Länge: 44 cm; Breite: 9 cm)

Abb. 2:
Geflochtener Handbesen, Ndau (Länge: 50 cm)

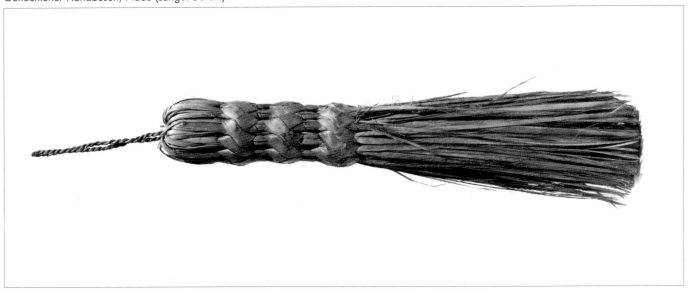

Abb. 1:
Geflochtener Fischsetzkorb, Ndau (Ø: 64 cm; Höhe: 113 cm)

Abb. 2:
Geflochtene Reuse, Hlengwe (Ø: 37 cm; Länge: 92 cm)

Abb. 1:
Geflochtene Schleuder, Ndau (Länge: 17 cm; Breite 5,5 cm)

Abb. 2:
Geflochtene Worfel, Hlengwe (Ø: 50 cm; Höhe: 4 cm)

Abb. 1:
Beil, Ndau (Gesamtlänge: 52 cm; Blattlänge: 22 cm)

Abb. 2:
Beil, Hlengwe (Gesamtlänge: 48,5 cm; Blattlänge: 11 cm)

Abb. 1:
Hacke, Hlengwe (Länge: 47 cm; Blattlänge: 24 cm)

Abb. 2:
Hacke mit Holzblatt, Ndau (Länge: 61 cm; Blattlänge: 27 cm)

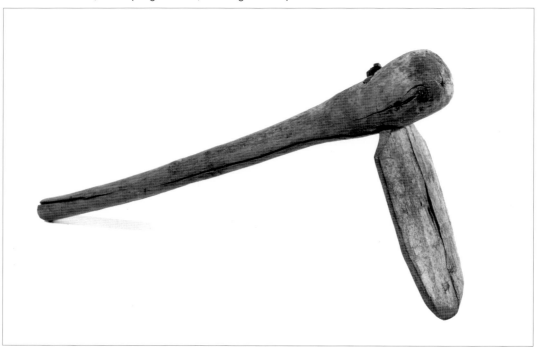

Abb. 1:
Rindenbehälter mit aufgesetztem Korbstück, Ndau (Ø: 55 cm; Höhe: 80 cm)

Abb. 2:
Geflochtener Korb zum Aufbewahren von Getreide, Ndau (Ø: 60 cm; Höhe: 56 cm)

Getreidemörser, Ndau
(Stößel, Länge: 116 cm; Ø: 6 cm;
Mörser, Höhe: 60 cm; Ø: 38 cm)

Abb. 1:
Geflochtener Hühnertragekorb, Hlengwe (Höhe: 44 cm; Ø: 56 cm)

Abb. 2:
Geflochtener Hühnerlegekorb, Hlengwe (Höhe: 10 cm; Ø: 34 cm)

Abb. 1:
Signalpfeife aus Holz, Hlengwe (Länge: 13 cm)

Abb. 2:
Bogen mit Jagdmedizin,
Ndau (Länge: 173 cm)

Abb. 3:
Bogen mit Jagdmedizin,
Hlengwe (Länge: 181,5 cm)

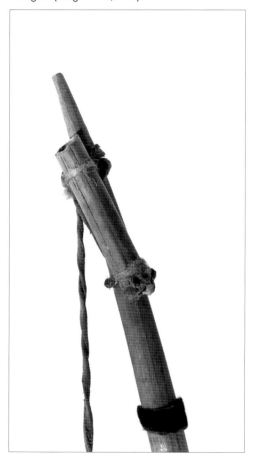

Abb. 4:
Speerspitze mit kurzem Schaft,
als Messer verwendet, Ndau
(Länge: 51 cm)

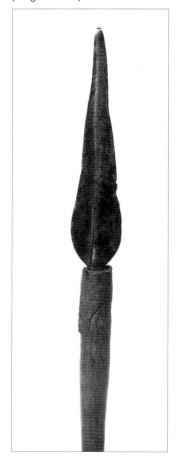

Abb. 1:
Spindel mit Schildpatt als Wirtel, Ndau
(Länge: 39 cm; Ø: 9 cm)

Abb. 2:
Blasebalg, Ndau
(Länge: 90 cm, Höhe: 61 cm)

# TAFEL XVI

Abb. 1:
Werkzeuge und Rohmaterial zur Herstellung
von Aluminiumschmuck, Armreifen, Ndau
(Werkstücklänge: 10 cm; Ø: 5 cm)

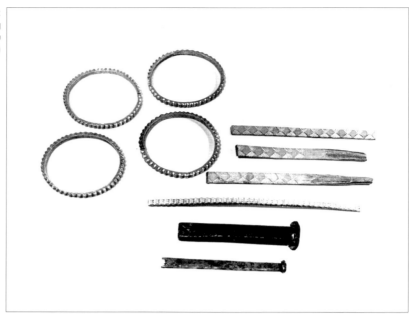

Abb. 2:
Aluminium-Lamelle zur Schmuckherstellung,
Hlengwe
(Höhe: 7 cm; Ø: 14 cm)

Abb. 1:
Flechtstichel, Hlengwe (Länge: 13,5 cm)

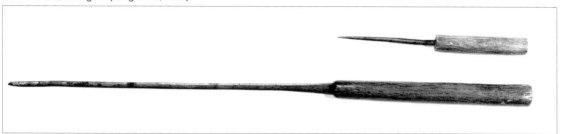

Abb. 2:
Unvollendete geflochtene Schale, Hlengwe
(Ø: 20,5 cm)

Abb. 3:
Unvollendeter geflochtener Bierseiher, Hlengwe
(Länge: ca. 120 cm; Ø: ca. 14 cm)

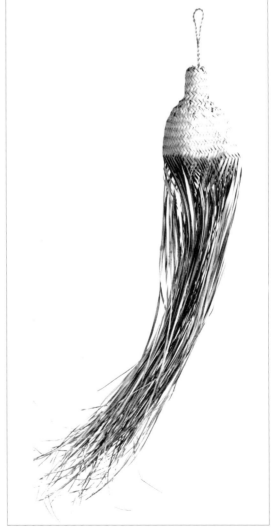

Abb. 1:
Geflochtener konischer Korb, Boden mit Rinde verstärkt, Hlengwe
(Höhe: 25 cm; Ø: 54cm)

Abb. 2:
Geflochtene Getreidekörbe verschiedener Größe
(größter Durchmesser: 98 cm; größte Höhe: 45 cm), Ndau

Abb. 1:
Frauen-Schurz, aus Bastfasern geknüpft, mit Perlenverzierung, Ndau
(Breite: oben 60 cm, unten 40 cm; Höhe: 40 cm)

Abb. 2:
Geflochtener Deckelkorb, Ndau (Höhe mit Deckel: 22 cm; Ø: 42 cm)

Abb. 3:
Rindengefäß, Hlengwe
(Länge: 44 cm; Höhe: 19 cm)

Abb. 1 u. 2:
Bienenbeute aus Rinde, Hlengwe
(Länge: 46 cm; Höhe: 128 cm)

Abb. 1:
Topf (Höhe: 21 cm; Ø: 9cm)

Abb. 2:
Tonschale (Höhe: 5 cm; Ø: 17 cm)

Abb. 1:
Kratzer zum Aushöhlen von Holzgegenständen,
Hlengwe
(Länge: 60 cm; Klingenwölbung: 6,5 cm)

Abb. 2:
Instrument zum Aushöhlen von Tabaksfläschchen, Ndau (rechts)
Kratzer zum Aushöhlen von Holzgegenständen, Hlengwe (links)
(Längen: links 7 cm, rechts 7,5 cm)

Abb. 3:
Tabaksfläschchen aus Ebenholz, Ndau
(Länge: 14 cm; Breite: 4 cm)

Abb. 1:
*Ngoma.* Trommel, Ndau (überdurchschnittlich groß: Länge 108 cm;
Breite: 82 cm; Höhe: 54 cm)

Abb. 2:
*Chomana.* Rahmentrommel mit Griff, Ndau
(Länge: 44 cm; Ø: 25 cm)

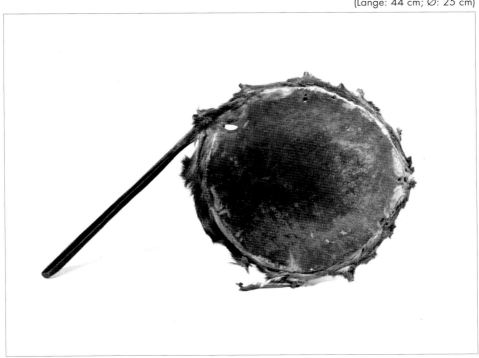

Abb. 2:
*Chimapendanda.* Musikbogen, Ndau
(Länge: 72 cm)

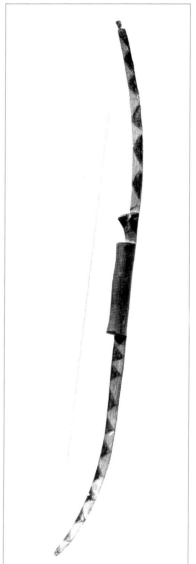

Abb. 1:
*Chimadzambi.* Schrapbogen mit Kalebassenstab,
ursprünglich Blattsaite vorhanden, Ndau
(Stablänge: 32 cm; Bogenlänge: 56,5 cm)

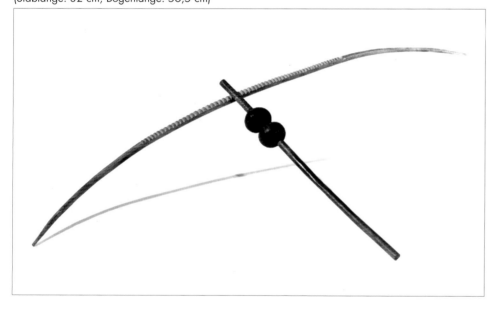

Abb. 3:
*Chitende.* Musikbogen mit Resonanzkalebasse, Ndau
(Länge: 154 cm; Ø Kalebasse: 14,5 cm)

Abb. 1:
*Marimba.* Tragbügelxylophon, Spielseite mit Klanghölzern, Hlengwe
(Länge: 125 cm; Breite mit Bügel: 62 cm)

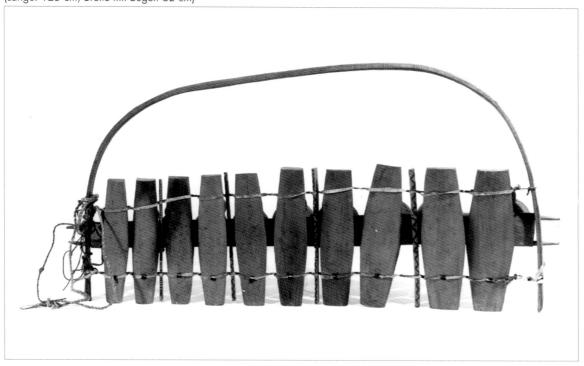

Abb. 2:
*Marimba.* Tragbügelxylophon, untere Seite mit am Mittelbrett
befestigten Resonanzkalebassen, Hlengwe

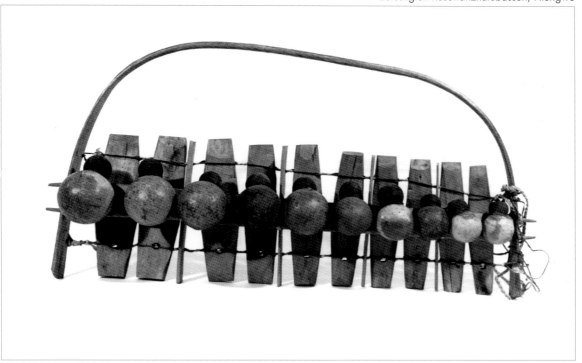

Abb. 1:
*Mbira.* Zupfinstrument (Lamellophon), Ndau (Länge: 25 cm; Breite: 20 cm)

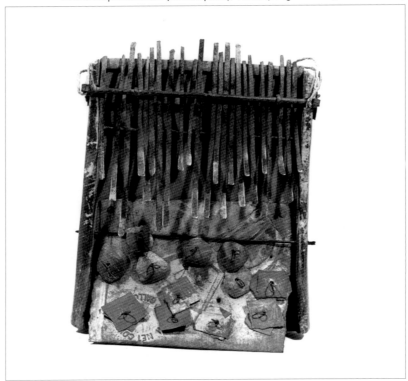

Abb. 2:
*Munyokari.* Rasselball, als Musikinstrument und Kinderspielzeug
verwendet, Ndau (Ø: 9 cm)

Abb. 1:
Geflochtene Kappe eines Zauberdoktors, Hlengwe (Länge: 32 cm)

Abb. 2:
Beschnitzter Holzhocker, Ndau (Höhe: 24 cm; Ø: 22 cm)

Abb. 3:
Tanzaxt eines Zauberdoktors, Ndau
(Länge: 64 cm; Halbkreis als Blatt Ø: 15 cm)

Abb. 1:
Halsschmuck einer Zauberdoktorin, Hlengwe
(Länge 25 cm; Ø: 6 cm)

Abb. 2:
Halsamulett eines Zauberarztes, Ndau
(Länge: 36 cm)

Abb. 1:
Amulett, Ndau
(Länge: 23 cm; Hölzchenlänge: 2,5 cm)

Abb. 2:
Amulett, Hlengwe (Länge: 8 cm)

Geflochtene Tragetasche mit vollständigem *hakata-Satz*, Ndau
(Länge: 11 cm; Höhe: 9 cm)

(Höhe: 37 cm)

(Höhe: 27,5 cm)

Abb. 1:
Kalebassengefäß mit Ornamenten, Hlengwe
(Höhe: 15 cm; Öffnung Ø: 5 cm)

Abb. 2:
Kalebassengefäß mit Stöpsel, Ndau
(Höhe: 25 cm; Öffnung Ø: 3 cm)

Abb. 1:
Puppe, Hlengwe
(Höhe: 23 cm; Ø: 8 cm)

Abb. 2:
Puppe, Ndau
(Höhe; 20 cm; Ø: 6 cm)

Abb. 1:
Kopfschmuck aus Stachelschweinborsten, Ndau
(Länge: 50 cm)

Abb. 2:
Frauenkopfband, mit Glasperlen beflochten, Hlengwe
(Länge: 23,5 cm; Breite: 2 cm)

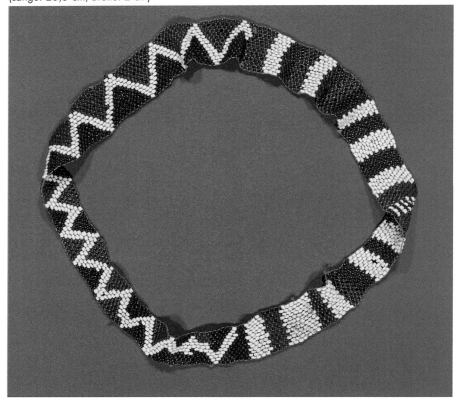

Abb. 1:
Essschüssel mit Griff, Ndau
(Länge: 22 cm; Höhe: 4 cm; Ø: 16 cm)

Abb. 2:
Essschüssel mit Füßen und Griff, Holz, Ndau
(Länge: 43 cm; Höhe: 9 cm)

Tanzstab aus Holz, Hlengwe (Länge 65 cm)

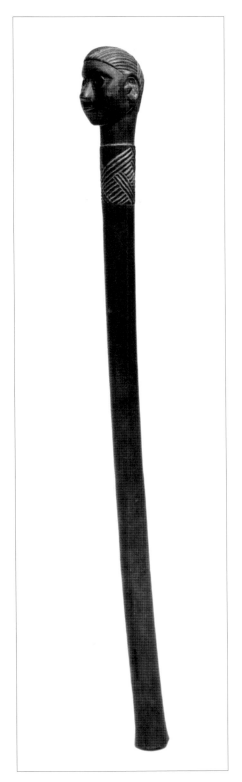

# SPURENSUCHE 1998

*Karin Bautz*

Meine Reise nach Moçambique im Mai und Juni 1998 bekam den Arbeitstitel „Spurensuche 1998". Ich reiste, soweit das trotz aller Abweichungen hinsichtlich der Dauer und der gewählten Transportmittel möglich war, auf den Spuren von Günther Spannaus und Kurt Stülpner.

Die Suche nach Spuren, die die Expedition von 1931 hinterlassen hatte, beschränkte sich aber nicht auf das Jahr 1998, nicht auf zwei Provinzen in Moçambique und nicht auf meine Person.

Abb. 92:
Auf dem Weg nach Machaze

## DIE VERGANGENHEIT

In den vergangenen Jahrzehnten gab es wiederholt Versuche, die Ergebnisse dieser monatelangen Feldforschung in Zentralmoçambique einer interessierten Öffentlichkeit vorzustellen. Günther Spannaus und Kurt Stülpner mühten sich jahrelang, ihre Forschungsergebnisse zu ordnen und zu vervollständigen, um damit die geplante und wiederholt angekündigte Publikation der umfassenden Monographie über die Ndau und Hlengwe in die Realität umsetzen zu können.

Günther Spannaus war planmäßiger Assistent von Otto Reche am Ethnologisch-Anthropologischen Institut bzw. am Institut für Rassen- und Völkerkunde, wie es seit der Umbenennung im Jahr 1933 hieß. Neben den allgemeinen Arbeiten am Institut und den Lehrverpflichtungen konnte er sich im Rahmen seiner Assistententätigkeit nach der Rückkehr aus Moçambique der Ausarbeitung der Expeditionsergebnisse widmen.

Kurt Stülpner war für die Dauer der Expedition vom Staatlichen Forschungsinstitut für Völkerkunde als wissenschaftlicher Hilfsarbeiter angestellt. Von November 1932 bis Juli 1934 wurde er von der Notgemeinschaft der Deutschen Wissenschaft mit einem monatlichen Stipendium unterstützt, um die Bearbeitung des mitgebrachten Materials zu ermöglichen. Kurt Stülpner gibt in Berichten an die Notgemeinschaft über Aufteilung, Vorgehensweise und Stand der Arbeiten Auskunft.

In diesen Zeitraum fällt auch die erste Sonderausstellung, „um die wichtigsten Stücke aus der Mozambique-Sammlung der Herren Spannaus und Stülpner [...] dem Publikum zugänglich zu machen." Desweiteren erklärt sich Otto Reche, der Institutsleiter, in einem Brief an Museumsdirektor Krause im November 1932 „damit einverstanden [...], daß die Ausstellung als gemeinsame Ausstellung des Forschungsinstitutes und des Museums für Völkerkunde firmiert". Er schließt den Brief mit der Bitte, Krause möge seine Leute anweisen „die Sammlung aufzustellen" und dem Hinweis, dass der Institutsdiener die Sonntagsaufsicht sowie die Beschriftung übernehmen könne.

In einem Lebenslauf, den Stülpner 1937 schreibt, merkt er

an, dass er sich aufgrund der Unmöglichkeit, eine Anstellung zu finden, gezwungen sah, auf die Fertigstellung seiner „schon ziemlich weit fortgeschrittenen Arbeiten, die die Ergebnisse jener oben erwähnten Forschungsreise enthalten sollten, zu verzichten und ein Angebot, in japanische Dienste zu treten, anzunehmen". Es ist wahrscheinlich, dass Stülpner bei seinem Ausscheiden aus dem Institutsbetrieb, wo er noch bis zum November 1934 eine Anstellung als Hilfsassistent hatte, sein bis dahin fertiggestelltes Manuskript an Spannaus, den Leiter der Moçambique-Expedition, übergab. Aus der Korrespondenz mit verschiedenen Personen geht hervor, dass sich Spannaus bis zu seinem Ausscheiden aus dem Universitätsbetrieb im Juni 1939 zumindest zeitweilig mit dem Expeditionsbericht beschäftigt. Noch 1941 mahnt Otto Reche seinen ehemaligen Assistenten, der nun im Rang eines Regierungsrates beim Oberkommando der Wehrmacht für Kolonialfragen zuständig ist, an die Fertigstellung der angefangenen Arbeit zu denken. Reche gibt Spannaus zu bedenken, dass man mit wissenschaftlichen Veröffentlichungen nicht zu lange warten darf, um nicht zu riskieren, dass die Ergebnisse veralten. Er erinnert aber auch an die Tauschverpflichtungen des Forschungsinstitutes mit anderen Institutionen und daran, dass ja auch das Geld für die Drucklegung längst vorhanden sei. Nicht bekannt ist, ob Reches Fragen an Spannaus, die er per Brief vom 26.04.1941 stellt, je beantwortet wurden. Reche wendet sich an den „lieben Herrn Doktor", um von ihm Aufschluss zu erhalten, was an Material der Moçambique-Expedition in Leipzig vorhanden ist und was davon Spannaus in Berlin hat. Reche bestätigt in diesem Brief „die Überlassung des als Doppel bezeichneten Materiales (zwei Mappen) und der Druckschrift *Censo da populacao nao Indigena*" – von der Mozambique-Expedition". Reche weist Spannaus darauf hin, dass er seit dessen Weggang und seit der Einberufung Stülpners, der 1940 und 1941 zeitweilig als Aushilfs-Assistent am Institut tätig war, nicht mehr im Bilde ist, was an Material überhaupt vorhanden ist. Nach dem Krieg werden die *Spuren* wieder aufgenommen: Günther Spannaus veröffentlicht im *Handbuch der angewandten Völkerkunde*, das von H. A.

Bernatzik herausgegeben wird, einen Beitrag über *Portugiesisch-Ostafrika*.

Vom 1.12.1950 bis zum 28.02.1952 erhält er dann ein Stipendium der Deutschen Forschungsgemeinschaft, das ihm, wie er in einem Lebenslauf 1959 schreibt, „die Bearbeitung eines Teiles der Ergebnisse der [...] Mosambikexpedition des Leipziger Forschungsinstitutes" ermöglichen soll. 1952 erhält er außerdem eine Sachbeihilfe, um die Druckfertigmachung seines Manuskriptes finanziell zu unterstützen. In den folgenden Jahren veröffentlicht Spannaus Beiträge, die auf das 1931 in Moçambique gesammelte Material zurückgehen. In verschiedenen Artikeln setzt er sich aber auch mit dem Film als Mittel ethnologischer Forschung auseinander.

Am 3. Oktober 1952 findet in Leipzig am *Julius Lips-Institut für Ethnologie und Vergleichende Rechtssoziologie* im Hörsaal des Institutes die feierliche Eröffnung der Ausstellung „Moçambique" statt.

UNIVERSITÄT LEIPZIG

## JULIUS LIPS-INSTITUT FÜR ETHNOLOGIE UND VERGLEICHENDE RECHTSSOZIOLOGIE

### DIE ÖFFENTLICHEN VORTRÄGE DES WINTERS 1952/53

*Freitag, den 3. Oktober 1952*
ERÖFFNUNG DER AUSSTELLUNG: „MOÇAMBIQUE"
(Portugiesisch-Ostafrika)          Dr. EVA LIPS mit einem
                                    Kollektiv des Instituts

*Freitag, den 7. November 1952*
DER TOTEMISMUS, EINE FRÜHE WIRTSCHAFTS-
UND RELIGIONSFORM          Prof. Dr. SIGRID HELLBUSCH
                                    Berlin

*Freitag, den 5. Dezember 1952*
MEIN RITT DURCH INNER-ASIEN
(Bei den Mongolen der Gobi-Wüste)     WALTHER STÖTZNER

*Freitag, den 2. Januar 1953*
VON AFRIKANISCHER KUNST:
FORSCHUNGSERGEBNISSE AUS          Prof. Dr. BERNHARD STRUCK
PORTUGIESISCH-GUINEA. (Mit Lichtbildern)     Jena

*Freitag, den 6. Februar 1953*
DIE WAHRHEIT ÜBER DIE INDIANER:
IRRTÜMER, PHANTASIEN,          Dr. EVA LIPS
WIRKLICHKEIT. (Mit Lichtbildern)

*Freitag, den 6. März 1953*
DER HUMOR BEI DEN NATURVÖLKERN
(Interpretiert von Eva Lips)     Ein Kollektiv des Instituts

Eintritt frei

*Die Vorträge finden statt im Hörsaal des Instituts, Schillerstraße 6, 19.30 Uhr*

Poeschel & Trepte, Leipzig III/18/200 NL Nr. 834476/45/52 300 1152

Fak. 11:
Programm
Vortragsreihe am Julius Lips-Institut
WS 52/53

Im Geleitwort der Publikation „Einführung in die Völkerkunde von Moçambique", die anlässlich der Ausstellung erscheint, geht die Institutsleiterin Eva Lips darauf ein, in welchem Zustand sich die Objekte befanden, die jahrzehntelange Lagerung in Kellerräumen hinter sich hatten. Sie dankt aufs Herzlichste allen, die es möglich gemacht hatten, die Ausstellung zu realisieren. Dieser Dank gilt ausdrücklich den Studenten des Institutes, die mitgeholfen haben, wie auch den „Freunden vom Leipziger Museum für Völkerkunde". Weder Kurt Stülpner, der nach Entlassung aus der Kriegsgefangenschaft zu seiner Familie nach Leipzig zurückgekehrt war und der in lockerem Briefkontakt mit Eva Lips stand, noch Günther Spannaus, der in Göttingen lebte, werden - außer als Expeditionsdurchführende - namentlich erwähnt.

Außer der Sammlung, die nun in den Kellerräumen der Schillerstrasse 6 lagerte, scheint wenig Material bekannt gewesen zu sein. Eine Anfrage von Kurt Reinhard, dem Leiter des Berliner Phonogramm-Archivs in Berlin-Dahlem - 1963 umbenannt in „Musikethnologische Abteilung" des Völkerkundemuseums - aus dem Jahr 1953 deutet darauf hin: Er hatte sich an Spannaus gewandt, um zu erfahren, ob dieser noch im Besitz von Kopien der Phonogramme war, die während der Moçambique-Expedition aufgenommen worden waren. Spannaus beschied die Anfrage negativ, und ob Eva Lips die an sie weitergereichte Anfrage beantworten konnte, ist nicht bekannt. Der damalige Assistent am Institut, Helmut Reim, erinnert sich heute noch daran, dass Anfang der 50er Jahre Schallplatten existierten, die von den Phonogrammaufnahmen gepresst worden waren. Diese Schallplatten waren aber in einem so schlechten Zustand, dass sie nicht mehr abspielbar waren und irgendwann wahrscheinlich weggeworfen wurden.

Im Jahr 1955 überlässt das Julius Lips-Institut der Karl-Marx-Universität Leipzig die Moçambique-Sammlung als Dauerleihgabe dem Museum für Völkerkunde zu Leipzig. Das Museum wird die Sammlung in den folgenden Jahrzehnten bis zu einer endgültigen Übergabe in einem Behelfsmagazin aufbewahren.

Nach der Unabhängigkeit Moçambiques eröffnet das Museum für Völkerkunde im April 1977 die Sonderausstellung „Moçambique" – Handwerk und Kunst einer jungen afrikanischen Volksrepublik. Neben Holzplastiken und Grafiken aus dem modernen Moçambique sind nach langer Zeit auch wieder Stücke aus der Sammlung, die Spannaus und Stülpner 1931 von den Ndau und Hlengwe erworben hatten, zu sehen.

Bei der Gestaltung der Dauerausstellung „Afrika – Völker und Kulturen" finden schließlich 128 Objekte aus der Moçambique-Sammlung von Spannaus und Stülpner einen Platz in den Vitrinen.

1995 hat das Museum im Rahmen eines Tauschvertrages die Sammlung von der Universität Leipzig erworben. Im selben Jahr wird erst in der Universitätsbibliothek Bibliotheca Albertina und später am Museum für Völkerkunde eine Sonderausstellung zum Thema Afrika in Leipzig gezeigt. Neben anderen Afrika-Expeditionen ist auch die Moçam-

Abb. 93:
Stülpner während der Expedition

bique-Expedition Thema der Ausstellung, wie auch eines Beitrags in der gleichnahmigen Broschüre, die gemeinsam von den Instituten für Afrikanistik und Ethnologie sowie dem Museum für Völkerkunde herausgegeben wurde. In dieser Ausstellung werden auch Reproduktionen von Expeditionsfotos, die am Institut auf Glas-Diaplatten vorhanden sind, gezeigt.

Seit November 1997 hatte ich die Möglichkeit, im Rahmen meiner auf zwei Jahre befristeten Anstellung am Institut für Ethnologie, die am Institut lagernden Archivmaterialien zum Thema Moçambique-Expedition zu sichten und mich auf die Suche nach weiterem Material und weiterer Information zu machen. Diese Suche hat mich auch in die Universitätsarchive von Leipzig und Göttingen geführt und hat Recherchen in unterschiedlichen Stadtarchiven, Standesämtern, verschiedenen Abteilungen der Bundesarchive, wie auch in Archiven von verschiedenen

Institutionen beinhaltet. Den Mitarbeiterinnen und Mitarbeitern der diversen Einrichtungen verdanke ich manchen Hinweis, der mich dazu brachte, auch an unwahrscheinlichen Orten weiterzusuchen und so manches Mal fündig zu werden.

Bis zum Beginn dieser Recherche war über den Verbleib Kurt Stülpners nichts bekannt. Seine Spuren verloren sich im Zweiten Weltkrieg und gerüchteweise hieß es, er sei im Krieg verschollen. In einem der Ordner am ethnologischen Institut, in dem Unterlagen und Korrespondenz aus den 50er Jahren abgeheftet wurden, fand sich ein kurzer Brief von Kurt Stülpner an Eva Lips. Stülpner hatte in der Leipziger Volkszeitung gelesen, daß der Moskauer Universitätsprofessor Tokarew am *Julius Lips-Institut* eine Vorlesungsreihe über die Völker der Sowjetunion abhalten würde. Er bittet Frau Lips um die Auskunft über den Zeitpunkt und fragt an, ob es auch für Nicht-Institutsangehörige, die Mög-

Abb. 94:
Fotoalbum der Familie Stülpner

lichkeit gibt, sich die Vorträge anzuhören. Der Brief trägt das Datum 23. September 1951 und als Absender eine Leipziger Adresse. Offensichtlich war nun, dass Stülpner nicht im Krieg verschollen war, sondern für kurze oder längere Zeit nach dem Krieg in Leipzig gelebt hatte und sogar Kontakt zur Institutsleiterin gehabt hatte. Nach knapp drei Monaten waren die Recherchen soweit fortgeschritten, dass ich die Adresse der Familienangehörigen des 1980 verstorbenen Kurt Stülpner mitgeteilt bekam. Und so kam es eines Abends zu einem Telefongespräch mit der Witwe Stülpners, die in Süddeutschland lebt. Schon am Telefon wurden manche Erinnerungen an Leipzig sehr lebhaft, und obwohl sie Kurt Stülpner erst nach dessen Moçambique-Expedition kennengelernt hatte, gab es doch einiges zu erzählen. Für zusätzliche Spannung sorgte der Hinweis Frau Stülpners, dass sie im Besitz zweier krokodillederbezogener Photoalben sei, die ihr Mann nach seiner Rückkehr aus Moçambique seinen Eltern gewidmet hatte. Diese Photoalben, in die uns Frau Stülpner freundlicherweise Einblick gewährte, machten, zusammen mit den zahlreichen Abzügen, die uns von den Familienangehörigen von Günther Spannaus überlassen worden waren, das Unternehmen Moçambique-Expedition um einiges anschaulicher. Während bei den Photos, die in Spannaus

Besitz waren, diejenigen, die zu wissenschaftlichen Zwecken aufgenommen wurden, in der Überzahl sind, finden sich in den Photoalben auch Photos, die Spannaus und Stülpner während der Überfahrt an Bord der *Ubena* zeigen.

Abb. 95:
Spannaus und Stülpner an Bord der Ubena

Zu Familienangehörigen von Günther Spannaus gab es von Seiten des Instituts für Ethnologie bereits einen lockeren Kontakt, da zu einem früheren Zeitpunkt persönliche Gegenstände von Spannaus an sie zurückgegeben worden waren.

Die Bitte des Institutsleiters, das Vorhaben um die Aufarbeitung der Expeditionsgeschichte zu unterstützen, indem die Angehörigen einen möglicherweise vorhandenen Nachlass zur Verfügung stellten, wurde mit äußerstem Entgegenkommen beantwortet. Einen geordneten Nachlass im strengen Sinn gibt es nicht. Es gibt sowohl handschriftliche Unterlagen als auch maschinengeschriebene, überarbeitete Unterlagen von Teilen des Manuskripts. Literaturlisten, zwei Original-Routenbücher und lückenhafte Tagebuchaufzeichnungen wurden uns mit den schon oben erwähnten Photographien freundlicherweise zur Verfügung gestellt.

Weitere bis dahin nicht bekannte oder zwischenzeitlich wieder in Vergessenheit geratene Photographien wurden im Photoarchiv des Instituts für Länderkunde in Leipzig zutage gefördert.

Fak. 12:
Aus dem Routenbuch

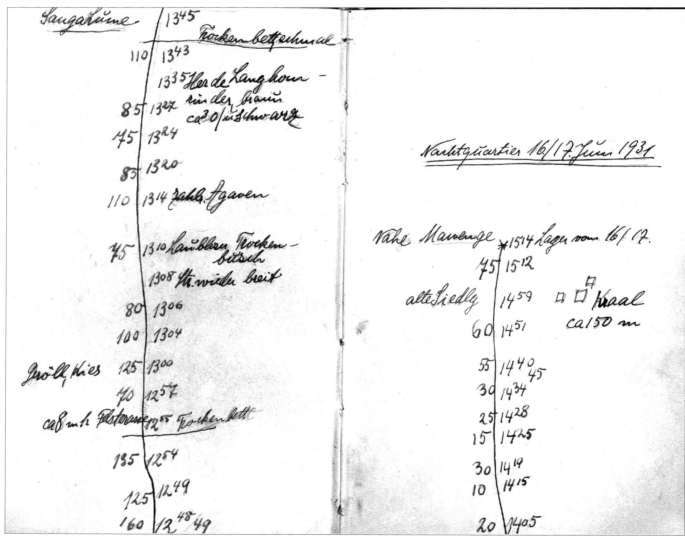

# DIE PHOTOGRAPHIEN

Aus der Liste, die die Ausrüstungsgegenstände für die Expedition aufführt, geht hervor, dass Spannaus und Stülpner zwei Zeiss Tropenapparate 9x12 mit Steinbeil-Objektiv, Lichtstärke 4,5, mit Compurverschluß und Doppel-Auszug für Filmpack- und Plattenkassetten und Stativ in ihrer Photoausrüstung mitführten.

Neben Kontaktabzügen von 6x9 cm und 9x12 cm liegen uns in wenigen Fällen auch Kontaktabzüge der als Dia vorhandenen Aufnahmen vor. Bei einem Teil der Aufnahmen wurden Reproduktionen im Postkartenformat vorgenommen. Das Originalverzeichnis der Expeditionsphotos umfasst mehr als 550 Aufnahmen. Mehr als 500 Aufnahmen liegen uns als Reproduktion vor und sind bis auf wenige Ausnahmen eindeutig identifizierbar. Knapp 180 Photographien wurden 1932 als Diapositive auf Glasplatten zu Vortragszwecken reproduziert. Über 160 dieser Glasplatten befinden sich im Archiv des Instituts für Ethnologie. Der Zustand dieser Glasplatten kann überwiegend als gut bezeichnet werden. Von den Original-Negativen ist weniger als ein Zehntel vorhanden. Ein Teil der Photographien, die aus dem Nachlass Spannaus stammen, tragen auf der Bildrückseite in der Regel mit Bleistift geschriebene Angaben, teilweise zum Bildgegenstand, teilweise zum Ort der Aufnahme. Unterschiedliche Nummerierungen und eine sich deutlich verändernde Handschrift lassen darauf schließen, dass Spannaus zu unterschiedlichen Zeiten, möglicherweise aus dem Gedächtnis, versucht hat, die Photographien zu identifizieren und zu ordnen. Wahrscheinlich nahm er die Beschriftungen nach seiner Emeritierung im Jahr 1966 vor, als er hin und wieder äußerte, dass er am Leipziger Museum sein Moçambique-Material bearbeiten wolle.

Zu Zwecken der Reproduktion und der Archivierung wurden im Photolabor des Museums für Völkerkunde Repro-Negative von allen vorhandenen Aufnahmen angefertigt. Die vorliegenden Photographien lassen sich in zwei große Gruppen aufteilen: Etwa 200 Aufnahmen wurden während der Schiffsreise gemacht, davon knapp 50 auf der Hinreise von Hamburg nach Beira entlang der westafrikanischen Küste im März und April 1931 und weitere 150 auf der Rückreise durch den Suezkanal und das Mittelmeer im Dezember 1931 und Januar 1932. Die verbleibenden 350 Aufnahmen sind "Bilder von der eigentlichen Expedition". Diese Photos können verschiedenen Serien zugeordnet werden:

- Landschaftsaufnahmen
- Aufnahmen von bekannten und unbekannten Personen (Erwachsene)
- Aufnahmen von Kindern
- Aufnahmen von Haus- und Hüttentypen

Zusammen mit den Film- und Phonogrammaufnahmen, über deren Entstehungsbedingungen sich weder Spannaus noch Stülpner ausdrücklich schriftlich äußerten, konnten wahrscheinlich einzigartige Zeitdokumente aus dieser Region Moçambiques gesichert werden.

Fak. 13:
Photorückseite mit Beschriftung

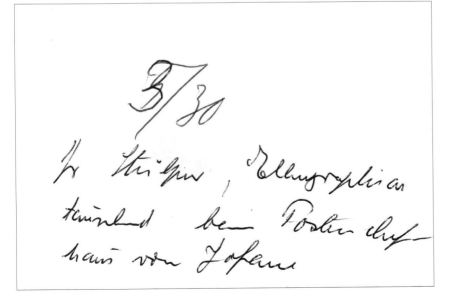

Fak. 14:
Kostenvoranschlag für Photomaterial

**Photo-Winter**
LEIPZIG C 1

## KOSTENANSCHLAG

für Titl.
Ethnologisch-anthro-
pologisches Institut
**L e i p z i g  C . 1**
Neues Grassimuseum
Johannisplatz

**CHR. FR. WINTER SOHN**
K I N O · P H O T O · O P T I K
HAUPTGESCHÄFT SCHILLERSTRASSE 5
ZWEIGGESCHÄFTE: PETERSSTRASSE 17 und
WINTERGARTENSTR. 2 (Hotel Rom am Hauptbahnhof)
MERSEBURGER STRASSE 75 (ECKE LÜTZNER STRASSE)

| IHR ZEICHEN | IHRE NACHRICHT VOM | MEIN ZEICHEN Bäu./Wi. | TAG 5.2.31. |

| | | Reichsmark | |
|---|---|---|---|
| | T r o p e n a u s r ü s t u n g . | | |
| 1.980 | m Normalfilm in 60 m Rollen                    a m | -.55 | 1.089.00 |
| 50 | Rollfilme 6/9 erstes Fabrikat Perutz oder Agfa | 1.2o | 60.00 |
| 100 | Filmpacks 9/12    "         "        "       " | 4.5o | 450.00 |
| 50 | Dtzd. Chromo Isolar Platten 9/12 | 3.4o | 170.00 |
| 3 | Kartons Metol Hydrochinon-Patronen a 10 Stück | 3.00 | 9.00 |
| 10 | xsaures Fixiersalz für 1 Ltr. Lösung | -.35 | 3.50 |
| 20 | x 10 Blatt Agfa Celloidinpapier 9/12 | -.65 | 13.00 |
| 5 | x 10  "         "        "   postkarten | -.85 | 4.25 |
| 2 | Kartons Agfa Tonsalz-Patronen a 10 Stück | 4.2o | 8.40 |
| 1 | Zeiss-Ikon Dunkelkammerlampe aus rotem Sherie-stoff zusammenklappbar (grössere Ausführung RM. 1.5o) | | -.80 |
| 12 | Ersatzkerzen | -.30 | 3.60 |
| 2 | Kunstharzschalen, unzerbrechlich 10/13 | -.60 | 1.2o |
| 2 | "   "   " ,      " 14/19 | 1.1o | 2.2o |
| 20 | Holzklammern mit Haken | -.05 | 1.00 |
| | | RM. | 1.815.95 |

Auf diese Preise gewähre ich Ihnen 15% Rabatt.

| 10 | Blechpackungen | ) | |
| 10 | Aufnahme-Merkbücher | ) | |
| 10 | m. Leukoplast | ) | kostenlos ! |

BANKEN: COMMERZ- UND PRIVATBANK
GIROKASSE LEIPZIG UND STADTBANK

POSTSCHECKKONTO:
L E I P Z I G NR. 1885

FERNSPRECHER
SAMMEL-NR. 713 46

DRAHTANSCHRIFT:
PHOTOWINTER LEIPZIG

224

## DIE FILME

Eine Filmkamera der Marke Zeiss Kinamo mit Federwerk und zwei Kassetten und Probeentwickler für die „Kinofilmaufnahmen" waren 1931 in der Expeditionsausrüstung für Moçambique. Am Institut für Ethnologie fanden sich in einem Schrank alte, etwas verbeulte und verrostete Filmdosen, die nicht zu öffnen waren. Die Beschriftung und die Tatsache, dass es sich um Spannaus Handschrift handelte, ließ den Schluss zu, dass es sich um Originalfilmmaterial der Moçambique-Expedition handelte. In den Unterlagen von Spannaus findet sich kein Filmprotokoll und auch keine Angabe darüber, wann und nach welchen Gesichtspunkten Aufnahmen gemacht wurden. Es ist nicht bekannt, wieviel Filmmaterial ursprünglich vorlag und wann das vorhandene Material jemals zum Einsatz kam. Das vorliegende Material besteht aus neun 35-mm-Negativrollen aus Nitro. Das Negativmaterial wurde vom *Institut für den Wissenschaftlichen Film* auf 35 mm SW-Duplikat-Positiv sichergestellt. Der Schrumpfungsgrad des Materials war von Rolle zu Rolle sehr unterschiedlich. An drei Stellen mußte das Material ausgebessert werden, das heißt, bei jeder Klebestelle gingen 3-4 Bilder verloren. Zur Bearbeitung wurden eine Betacamvideokopie und eine Kopie auf VHS gezogen.

Insgesamt beträgt die Länge der so sichergestellten Aufnahmen 8 Minuten. Die Aufnahmen behandeln folgende Themen, die in Jofane, Chibabava und Gogoya aufgenommen wurden:

– Töpferei
– Worfeln
– Spinnen
– Hausbau
– Hakata (Knochenorakel)
– Tänze
– Feuerbohren

## DIE PHONOGRAMME

Über den Verbleib der Phonogrammaufnahmen wusste bis in jüngste Zeit niemand etwas zu sagen. In den am Institut für Ethnologie vorhandenen Unterlagen gibt es eine umfangreiche Korrespondenz zwischen Günther Spannaus und Erich von Hornbostel, dem Leiter des Berliner Phonogramm-Archivs. Die Korrespondenz wird zwischen Günther Spannaus und Marius Schneider, der ab 1933 die Leitung des Phonogramm-Archivs innehat, fortgesetzt und dauert bis 1938 an.

Auf die lange wechselvolle Geschichte der Walzensammlung des Berliner Phonogramm-Archivs kann an dieser Stelle nicht eingegangen werden. Wichtig ist, dass mittlerweile sämtliche Walzen der Moçambique-Expedition, insgesamt 32 Stück, lokalisiert und eindeutig identifiziert werden konnten.

Abb. 96: Walzen

Dank der hervorragenden Zusammenarbeit mit dem Fachreferat Musikethnologie, Phonogramm-Archiv, am Museum für Völkerkunde Berlin konnten unsere Wünsche berücksichtigt werden. Die Walzen wurden herausgesucht und gereinigt. Danach wurden von den Galvanos neue Wachsabgüsse hergestellt. Diese wurden der Reihe nach überspielt, so dass wir heute Aufnahmen mit einer Gesamtdauer von über 90 Minuten zur Verfügung haben. Die Aufnahmen stammen von sechs verschiedenen Orten, die Texte der Lieder liegen uns vor.

## DIE PROJEKTGRUPPE

Seit dem Frühjahr 1998 beschäftigten sich Studentinnen und Studenten der Ethnologie und Museologie im Rahmen ihres Museums-Praktikums unter Anleitung von Mitarbeitern des Museums für Völkerkunde mit der Zuordnung und Beschreibung der einzelnen Objekte der Sammlung aus Moçambique. Ganz besonders möchte ich hier auf den Einsatz einer Gruppe von Studentinnen und Studenten der *Projektgruppe Moçambique-Ausstellung* hinweisen.

Die Leitung des Museums und des Instituts einigten sich darauf, erstmals einer Gruppe von Ethnologiestudenten die Möglichkeit zu geben, bei der Aufbereitung des Materials für eine Ausstellung in allen Einzelschritten dabeizusein.

Vom Sommer 1998 bis zur Ausstellungseröffnung im September 1999 waren

Simone Eichler, Heide Frenzel, Birgit Niquice, Julia Severin-Brauner und Karen Wendland mit dabei, die Basisinformation zu sichten, zu ordnen, Abschriften anzufertigen und die vorhandene Information den Objekten zuzuordnen. Sie hatten die Möglichkeit, die Arbeit der Museumsrestauratoren kennenzulernen und, wo es sinnvoll war, zu unterstützen, wie auch die der Ausstellungsgestalter und der Museumspädagogen.

Karin Gross und Johannes Ries haben dafür gesorgt, daß die vielen Aktivitäten, die bis zur Eröffnung einer Ausstellung hinter den Kulissen stattfinden, für Ausstellungsbesucher als Video sichtbar werden.

Abb. 97:
Projektgruppe

138

## IN MOÇAMBIQUE

Moçambique liegt im Südosten des afrikanischen Kontinents und hat eine 2 500 km lange Küste entlang des Indischen Ozeans. Auf einer Fläche von 799 380 km$^2$ leben knapp 17 Millionen Menschen. Die Hauptstadt des Landes ist Maputo (ex-Lourenço Marques), in der 1 Million Menschen leben.

Weitere große Städte sind Beira, Nampula und Quelimane.

Portugiesisch ist offizielle Landessprache und wird von 27% der Bevölkerung als Zweitsprache gesprochen beziehungsweise verstanden.

Weitere Landessprachen sind über 20 verschiedene Bantusprachen, davon Makua, Tsonga, Sena, Shona, Tswa, Chwabo, Nyanja, Ronga. Ndau wird von etwa 109 000 Menschen in Moçambique und weiteren 391 000 in Zimbabwe gesprochen.

Abb. 98:
Inhassoro Fischerboot

Die Küstenebene Moçambiques (bis 200m über NN), umfasst etwa 44% des Territoriums. Im Süden ist die Küste flach, nur in den Provinzen Nampula und Cabo Delgado gibt es Steilküstenabschnitte.

Die Hochebene (200-1000m über NN) umfasst ca. 40% des Territoriums. Im Westen des Landes befinden sich kleinere Gebirgsregionen, wie das Manica-Gebirge mit dem 2 436m hohen Mount Binga.

Die großen Flüsse des Landes entspringen alle jenseits der Grenzen und fließen in West-Ost-Richtung. Die wichtigsten Flüsse sind der Rovuma, der Sambesi, der Save, der Incomati und der Limpopo.

In Moçambique herrscht überwiegend heißes subtropisches

Abb. 99: Straßenschild

Klima. Nur im Bergland ist es ausgeglichen und angenehm. Südlich des Sambesi überwiegen ausgedehnte Steppen- und Savannenlandschaften.

Moçambique feierte am 25. Juni 1975 seine Unabhängigkeit. Nach über zehnjährigem Befreiungskampf folgte schon bald nach der Unabhängigkeit ein 16 Jahre andauernder Krieg zwischen der zunächst marxistisch orientierten FRELIMO-Regierung (Frente da Libertação de Moçambique) und der von Südafrika unterstützten RENAMO (Resistência Nacional Moçambicana). Im Oktober 1992 wurde zwischen den Kriegsparteien ein Waffenstillstand unterzeichnet, dessen Einhaltung bis zu den ersten freien

Wahlen im Oktober 1994 durch UNO-Truppen überwacht wurde.

Die Hinterlassenschaften des Krieges zeigten sich in einer weitgehend zerstörten Infrastruktur, aber auch im Elend der Flüchtlinge und in den Gefahren, die durch Landminen noch weit in die Zukunft reichen.

Abb. 100: Zerstörtes Haus auf dem Weg nach Chibabava

Trotz der schwierigen wirtschaftlichen Situation Moçambiques gibt es berechtigte Hoffnung auf eine positivere Entwicklung in der Zukunft.

## MEINE REISE

Stellvertretend für andere Regionen möchte ich die aktuelle Situation im Distrikt Mossurize kurz skizzieren.

Mossurize liegt in der Provinz Manica und umfasst eine Fläche von 5 096 km$^2$. Die Gesamtbevölkerung beträgt 88 992 Personen, 1996 lebten 27 065 davon in der Distrikthauptstadt Espungabera. Mossurize ist einer der Distrikte, die während des Krieges am stärksten in Mitleidenschaft gezogen worden sind. Mehr als 20 000 Menschen sind seit Kriegsende aus den Nachbarländern in ihren Heimatdistrikt zurückgekehrt.

Die Bevölkerung lebt hauptsächlich von der Landwirtschaft. Im Durchschnitt werden von einem Haushalt 1,4 Hektar Land bewirtschaftet. Neben Mais spielen Kassava, Süßkartoffeln, Bohnen und Erdnüsse zur Eigenversorgung eine große Rolle. Diese Produkte werden auf den Feldern der Familie angebaut. Die Feldarbeit wird fast ausschließlich

von Hand bewältigt. Ein Pflug oder Zug-
tier kommt sehr selten vor. Zur Eigenversorgung, aber vor allem zum Verkauf, werden Ziegen, Hühner, Enten und selten Rinder gehalten. Wild, vor allem Gazellen und
Guineahühner, werden gern zusätzlich in
den Speiseplan mit einbezogen. Die zahlreichen Flüsse bieten gute Möglichkeit zum
Fischfang.

Zur Urbarmachung des Landes wird von
einer Mehrheit Brandfeldwirtschaft betrieben. Als Energiequelle beim Kochen wird
ausschließlich Holz verwendet. Abholzung
und Bodenerosion werden zunehmend zum
Problem.

Abb. 102: Brandrodung

Abb. 101: Verkauf von Feuerholz vor Chimojo

Wasser muss vom Brunnen oder aus Flüssen und kleinen Seen geholt werden. Durchschnittlich müssen Frauen und Kinder 1-5 km zurücklegen, um an die nächste Wasserquelle zu kommen. In Espungabera gibt es einen Markt. Außer einem kleinen Angebot an lokal produziertem Getreide, Obst und Gemüse werden dort fast ausschließlich zimbabwische Produkte wie Zucker, Speiseöl, Seife und Salz verkauft.

Die Stadt Espungabera verfügt über ein Krankenhaus mit 30 Betten. Im Distrikt gibt es zusätzlich zwei Gesundheitsposten mit jeweils vier Betten.

Abb. 103:
Hühnertransport zum Markt von Espunagabera

Abb. 104:
Marktstand mit Medikamenten
und Zigaretten

Im gesamten Distrikt gibt es keine Sekundarschule. Die professionelle Ausbildung der Lehrer ist sehr unterschiedlich; nur die Hälfte der Lehrer besitzt eine sechsjährige oder neunjährige Schulbildung plus eine dreijährige Ausbildungszeit.

Abb. 105:
Kinder mit ihrem Spielzeuglaster in Espungabera

Abb. 106;
Minensuche am Straßenrand bei Chibabava

Landminen sind ein sehr großes Problem im Distrikt. In den zurückliegenden Jahren kam es wiederholt zu schweren Unfällen.

Einer meiner ersten Wege in Maputo führte mich zu ARPAC (Arquivo do Património Cultural), um dort über mein Vorhaben zu informieren und um zu erfahren, ob jemand Kenntnis von der Moçambique-Expedition von Spannaus und Stülpner hatte.

Mit der Unterstützung aus Maputo konnte ich die Provinzdelegation von ARPAC in Chimoio (Manica) und in Beira (Sofala) um weitere Hilfe bitten, die mir auch großzügig gewährt wurde. Jeweils ein Mitarbeiter von ARPAC war mit mir zusammen unterwegs im Distrikt. Auf Vermittlung der Distriktverwaltung hatten wir die Möglichkeit, die traditionellen Dorfchefs kennenzulernen. Diese wiederum arrangierten Treffen mit den „Alten", die etwas zu erzählen wußten. Auf diese Weise lernten wir in Chibabava Dona Maria kennen, deren Ehemann vor mehr als einem halben Jahrhundert als *Cipai*, als Angehöriger der einheimischen Ordnungskräfte, tätig war. In Buzi konnte uns Sr. Luis sehr detailliert vom Leben als Matrose der *Deutschen Ost-Afrika-Linie* in den 30er und 40er Jahren erzählen, und in Espungabera ging die Familie Lanné mit großem Entgegenkommen auf all unsere Fragen ein.

Das größte Problem unterwegs im Distrikt war der fehlende oder unzulängliche Transport und dieses Problem diktierte die Reiseroute.

Abb. 107:
Dona Maria in Chibabava

## REISEVERLAUF

| | |
|---|---|
| 26.04.98 | : Leipzig-Frankfurt (Bahn) |
| | Frankfurt-Lissabon (Flugzeug) |
| 27.04.-30.04. | : Lissabon |
| 01.05. | : Lissabon-Maputo (Flugzeug) |
| 02.05.-13.05. | : Maputo |
| 14.05. | : Maputo-Inhassoro (Bus) |
| 15.05.-16.05. | : Inhassoro |
| 17.05. | : Inhassoro-Chimoio (Bus) |
| 18.05.-20.05. | : Chimoio |
| 21.05. | : Chimoio-Espungabera-Machaze (Pick-up) |
| 22.05. | : Machaze |
| 23.05. | : Machaze-Espungabera (Pick-up) |
| 24.05. | : Espungabera-Mount Selinda- |
| | Espungabera (Pick-up) |
| 25.05. | : Espungabera-Gogoi-Chimoio (Pick-up) |
| 26.05.-27.05. | : Chimoio |
| 28.05. | : Chimoio-Tete (Bus) |
| 29.05.-31.05. | : Tete |
| 01.06. | : Tete-Beira (Bus) |
| 02.06.-05.06. | : Beira |
| 06.06. | : Beira-Buzi (Schiff) |
| 07.06. | : Buzi |
| 08.06. | : Buzi-Beira (Schiff) |
| 09.06. | : Beira |
| 10.06. | : Beira-Chibabava (Pick-up) |
| 11.06. | : Chibabava |
| 12.06. | : Chibabava-Beira (Pick-up) |
| 13.06.-14.06. | : Beira-Maputo (Bus) |
| 15.06.-25.06. | : Maputo |
| 26.06. | : Maputo-Ressano Garcia (Bahn)- |
| | Nelspruit (Pkw) |
| 27.06. | : Nelspruit |
| 28.06. | : Nelspruit-Maputo (Pkw) |
| 29.06.-30.06. | : Maputo-Lissabon-Frankfurt (Flugzeug) |
| 06.07. | : Frankfurt-Leipzig (Pkw) |

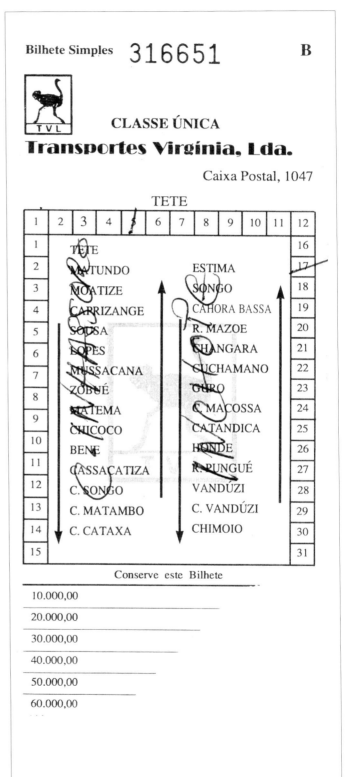

Fak. 15:
Fahrkarte Inhassoro - Inchope

Abb. 108:
Brücke über dem Rio Buzi

Abb. 109:
Fährbetrieb nach Buzi

Abb. 110:
Schild der Mission
Mount Selinda, Zimbabwe

## WEITERE SPURENSUCHER

Durch die Vermittlung des Distriktverwalters von Mossurize in der Provinz Manica hatte ich die Möglichkeit, João Maquinasse, den Regulo von Gogoi, kennenzulernen und ihn in seinem Gehöft zu besuchen. Er holte eine große Tasche hervor, um mir eine Reihe von handgezeichneten und -geschriebenen Karten, Tabellen und Aufstellungen zu zeigen, die die Geschichte des Regulats, die Ausdehnung desselben, sowie wichtige Orte, Pflanzen und Tiere beschrieben. Sie waren im Jahr zuvor, im April-Juli 1997, von einer Gruppe, die der Regulo nicht mehr näher benennen konnte, in Zusammenarbeit mit der Bevölkerung von Gogoi entstanden. Ich war neugierig geworden; aber vor Ort konnte niemand weitere Auskunft geben.

Als ich Wochen später wieder in Leipzig am Schreibtisch saß, machte ich einen Versuch und schrieb einen Brief an die Adresse, die ich mir mit Zustimmung des Regulo von dem einzigen Umschlag, in dem verschiedene Papiere steckten, abgeschrieben hatte. Auf Umwegen kam meine Bitte um mehr Information, bezüglich Karten und Tabellen zum eigentlichen, mir bis dahin aber unbekannten Adressaten: David McDermott Hughes, ein junger Anthropologe an der Universität von Berkeley, USA, der sich mit der Landfrage im südlichen Zentralmoçambique beschäftigt. Unser Briefkontakt ergab, dass McDermott Hughes die Veröffentlichungen von Spannaus zum größten Teil kannte und höchst erfreut war zu erfahren, dass die Moçambique-Expedition Gegenstand weiterer Forschung sein sollte. In der Tat ist es so, dass es in Zentralmoçambique keine vergleichbare historische Forschung gegeben hat und das Interesse an den Ergebnissen und Einzelheiten der Expedition von Spannaus und Stülpner daher entsprechend groß ist.

Abb. 111:
Rindenboote

Unter diesem Aspekt ist auch die Übersetzung des Artikels von Günther Spannaus *Das Häuptlingswesen der Ndau in Südostafrika* zu sehen. Dieser Beitrag erschien in einer Veröffentlichung des Museum für Völkerkunde zu Leipzig im Jahr 1961 und war Hans Damm, dem Direktor des Museums von 1955-1970, zum 65. Geburtstag gewidmet.

Gerhard Liesegang, Historiker und einer der Kenner der moçambicanischen Geschichte, hat den Artikel im Jahr 1997 ins Portugiesische übersetzt und mit einer Einleitung und Anmerkungen versehen, um damit dem wachsenden Interesse in Moçambique an der Diskussion über traditionelle Strukturen entgegenzukommen.

## ZUM ABSCHLUSS

Mit meinen Ausführungen versuchte ich aufzuzeigen, wie vielfältig sich diese *Spurensuche* gestaltete. An unterschiedlichen Orten und zu unterschiedlichen Zeiten beschäftigten sich immer wieder Personen mit Einzelheiten dieser Forschungsexpedition, die von Leipzig aus im Jahr 1931 nach Moçambique ging. Mit der Ausstellung *Die vergessene Expedition - Auf den Spuren der Leipziger Moçambique-Expedition* wollen wir erstmals die Geschichte der Expedition, deren Durchführung und Ergebnisse und die Bedeutung dieser Forschung bis in die Gegenwart zum Thema machen.

Abb. 112:
Fähre auf dem Buzi

**Archive:**

IEUL    Archiv des Instituts für Ethnologie der Universität Leipzig
UAL     Universitätsarchiv Leipzig
UAG     Universitätsarchiv Göttingen

**Literatur:**

Grimes, Barbara F. (Editor)
1996    Ethnologue. 13th Edition. Dallas: International Linguistic Center.

Hebestreit, Dieter
1998    Mosambik. Information für Reisende. Berlin: EpoG.

Schicho, Walter
1999    Handbuch Afrika. Band 1. Darin: Moçambique. Frankfurt: Brandes & Apsel.

UNHCR/UNDP
1996    District Development Profiles. Mossurize District. Maputo.

**Ortsbezeichnungen:**

| | |
|---|---|
| Portugiesisch Ostafrika | Moçambique |
| Südrhodesien | Zimbabwe |
| Lourenço Marques | Maputo |
| Salisbury | Harare |
| Vila Pery | Chimoio |
| Umtali | Mutare |
| Nova Luzitania | Buzi |

**Bezeichnung der Ethnien:**

Im Begleitbuch zur Ausstellung werden die Schreibweisen *Ndau* und *Hlengwe* verwendet.
Im Fall einer davon abweichenden Schreibweise ist das auf die unterschiedlichen Verfasser im Laufe des vergangenen Jahrhunderts zurückzuführen.

**Schreibweise:**

In dieser Publikation findet die neue Rechtschreibung (Stand: 1. August 1999) Anwendung.
Alle davon abweichenden Schreibweisen gehen auf die Wiedergabe von Zitaten und die von den zitierten Personen gewählten Schreibweisen
zurück.
In den Bildunterschriften zu den historischen Objektphotos wird die Schreibweise von 1932 übernommen.

# ANHANG

## Verzeichnis der von der Expedition Dr. Spannaus - Dr. Stülpner aus Portugiesisch-Ostafrika mitgebrachten völkerkundlichen Sammlungen (Faksimile)

Verzeichnis

der von der Expedition Dr. Spannaus - Dr. Stülpner aus Portugiesisch - Ostafrika mitgebrachten völkerkundlichen Sammlungen.

### A: Shengwe.

| Lfde. Nr. | Katalog-Nr. | Gegenstand. |
|---|---|---|
| 1 - 8 | B 71 a-c, 132,178, 179,230, 298. | 8 Kalebassen mit Brand- und Ritzmustern verziert. |
| 9 - 11 | B 31 d-e, 155. | 3 Kalebassen, unverziert. |
| 12 - 16 | B 48 a-e, | 5 Töpfe, groß, verziert. (davon 1 zerbrochen und 1 angebrochen.) |
| 17 | B 50. | 1 Tonnapf, mittelgroß, unverziert. |
| 18 - 27 | B 46 a-f, 47 a-c, 146. | 10 Töpfe, klein, verziert. |
| 28 - 29 | B 49,273. | 2 Tonschalen, unverziert. (davon 1 angebrochen.) |
| 30 - 38 | B 51 a-d, 87 b,c, 115,192, 232. | 9 Holzschalen, mittelgroß, rund, ohne Füße, unverziert. |
| 39 - 40 | B 129,278. | 2 Holzschüsseln, groß, rund, ohne Füße, verziert. |
| 41 - 42 | B 52 a,b. | 2 Holzschüsseln, klein, rund, ohne Füße, mit Ritzmustern verziert. |
| 43 | B 231. | 1 Holzschüssel, länglich, ohne Füße. |
| 44 | B 297. | 1 Holzschüssel, klein, rund, ohne Füße, unverziert, mit Henkel. |
| 45 | B 54 | 1 Holzschüssel, groß, rund, verziert, mit Untersatz. |
| 46 - 53 | B 56 a-d, 87 a, 157,180, 181. | 8 Holzschüsseln, länglich, mit Füßen, z.T. verziert. |
| 54 - 58 | B 53,131, 229 a,b, 310. | 5 Holzkrüge. |

| Lfde. Nr. | Katalog-Nr. | Gegenstand. |
|---|---|---|
| 59 | B 301 | 1 Einbaum (beschädigt). |
| 60 - 76 | B 32 a-c, 91 a-c, 114,128, 148,160, 176,201, 217,237, 268,312, 325. | 17 Nackenstützen (davon 2 zerbroch. |
| 77 - 79 | B 55,200, 220. | 3 Schemel, beschnitzt. |
| 80 - 81 | B 274, 319. | 2 hölzerne Türschwellen mit Darstellung von Frauenbrüsten. |
| 82 - 83 | B 260,265. | 2 Haustüren, geflochten. |
| 84 - 85 | B 33 a-b. | 2 Schlafmatten geflochten. |
| 86 | B 69 | 1 großer Korb zum Aufspeichern von Getreide. |
| 87 - 92 | B 161,162, 163,189, 190,258. | 6 große konische Körbe. |
| 93 - 96 | B 62,65, 188,218. | 4 mittelgroße konische Körbe. |
| 97 - 98 | B 61 a,b. | 2 große Körbe, halbkonisch. |
| 99 | B 302. | 1 kleiner zylindrischer Korb. |
| 100 | B 234. | 1 Deckelkorb, mittelgroß. |
| 101 | B 64. | 1 flacher, runder Korb. |
| 102 - 104 | B 38 abc. | 3 flache Legkörbe für Hühner. |
| 105 - 106 | B 112 ab. | 2 sackartig geflochtene Körbe. |
| 107 - 109 | B 63 a-c. | 3 Worfeln, geflochten. |
| 110 | B 104. | 1 geflochtene Schale. |
| 111 | B 158. | 1 geflochtene Schale unvollendet. |
| 112 | B 156. | 1 geflochtene Schale mit Untersatz. |
| 113 - 116 | B 58,196, 226,239. | 4 Doppelschalen zum Auftragen der Speisen, geflochten. |
| 117 | B 262. | 1 Bierseiher, geflochten. |

| Lfde. Nr. | Katalog-Nr. | Gegenstand. |
|---|---|---|
| 118 | B 60 | 1 Bierseiher, geflochten, unvollend |
| 119-120 | B 66,126. | 2 Tragtaschen, aus je 1 Malablatt geflochten. |
| 121-122 | B 173,261. | 2 Tragtaschen mit Deckel,geflochten groß. |
| 123-126 | B 67 a-c, 228. | 4 Tragtaschen mit Deckel, geflochten mittel. |
| 127-129 | B 166, 243, 286. | 3 Tragtasche mit Deckel, geflochten klein. |
| 130-133 | B 67 d,121, 159 a,b. | 4 Tragtaschen, ohne Deckel, geflochten, mittel. |
| 134 | B 195. | 1 Felltasche. |
| 135-136 | B 263, 284. | 2 Fellbeutel. |
| 137 | B 288. | 1 Sack aus Baumbast. |
| 138 | B 215. | 1 Rindenkorb, zylindrisch. |
| 139-140 | B 277,316. | 2 zylindrische Rindenbehälter, ge-füllt mit Mkwakwa-Konserve. |
| 141-145 | B 320 | 5 Mkwakwa-Früchte.(davon 1 zerbroch |
| 146-147 | B 164,165. | 2 Rindengefäße, viereckig. |
| 148-151 | B 235,247, 250,259. | 4 Bienenbeuten aus Rinde. |
| 152-153 | B 25, 26. | 2 Fischreusen, geflochten, zylindri |
| 154-155 | B 93 a,b. | 2 Fischreusen, geflochten,konisch. |
| 156-163 | B 35 a,b, 275,276, 292,293, 303 a,b. | 8 Körbe zum Tragen von Geflügel. |
| 164-174 | B 36 a,b, 191 a-h. | 11 Tragringe,geflochten. |
| 175 | B 145. | Seile, aus Malablattstreifen ge-flochten. |
| 176 | B 139 | Krautstengel, als Seife benutzt. |
| 177-178 | B 251,252. | 2 Bundel Tabak. |
| 179-186 | B 23 a-c, 142,172, 289,294ab. | 8 Holzlöffel. |

| Lfde. Nr. | Katalog-Nr. | Gegenstand. |
|---|---|---|
| 187-188 | B 143,315. | 2 Schöpfer (Kokosnußschale mit Holz-griff). |
| 189 | B 124. | 1 Seihlöffel, geflochten. |
| 190-192 | B 41 a-c. | 3 Handbesen aus Malablattstreifen. |
| 193-204 | B 27 a-c, 96 a-e, 199, 281 a,b. o.Nr. | 12 Beile. |
| 205-209 | B 57,141, 219 a-c. | 5 Haoken. |
| 210-211 | B 254 a,b. | 2 Dreschstöke. |
| 212-213 | B 197 a,b, 225 a,b. | 2 Feuerbohrer. |
| 214-215 | B 206,266. | 2 Kratzer z.Aushöhlen v. Holzgegen-ständen. |
| 216-218 | B 209,253, 269. | 3 Stichel zum Mattenflechten, lang. |
| 219 | B 318. | 1 Stichel zum Mattenflechten, kurz. |
| 220-222 | B 24 a-c. | 3 Angelstöke mit Eisenhaken. |
| 223-225 | B 154, 216 a,b. | 3 Rasiermesser. |
| 226 | B 326. | 1 Dorn zum Aufheben der Haut beim Narbeneinschneiden. |
| 227-228 | B 86,153. | 2 rote Färbsteine. |
| 229-246 | B 37 a-e, 92 a-d, 103 a,b, 123, 134 a,b, 203,204, 248,322a. | 18 Tabaksfläschchen aus Ebenholz. |
| 247 | B 211. | 1 zylindr. Tabaksdöschen aus Holz, beschnitzt. |
| 248 | B 75. | 1 kleine Kalebasse, als Tabaksdose benutzt. |
| 249 | B 70. | 1 Schnupfröhre aus Knochen mit Ritz-mustern verziert. |
| 250-251 | B 59,122. | 2 Holzkämme, geflochten. |

| Lfde. Nr. | Katalog-Nr. | Gegenstand. |
|---|---|---|
| 252-253 | B 107 a,b. | 2 Puppen, hölzern. |
| 254-257 | B 314 a,b, 321 a,b. | 4 Puppen aus Kalebassen angefertigt. |
| 258 | B 279. | 1 Aggriperle. |
| 259-265 | B 1,2,3,4, 5,15.o.Nr. | 7 Frauenkopfbänder, mit Glasperlen geflochten, breit. |
| 266-276 | B 212 41(1-8) 308 (1-3). | 11 Frauenkopfbänder mit Glasperlen geflochten, schmal. |
| 277 | B 71. | 1 Ohrkettchen, mit Perlen geflochter |
| 278 | B 213. | 1 Halskette, mit Perlen geflochten. |
| 279 | B 10. | 1 Halsband, mit Perlen geflochten. |
| 280-281 | B 8,9. | 2 Halsbänder, mit Perlen geflochten. |
| 282-283 | B 6,7. | 2 Frauenbrustschmucke, mit Perlen geflochten. |
| 284-285 | B 105,285. | 2 Kopfbänder, mit europ. Knöpfen besetzt. |
| 286 | B 270. | 1 Halsband aus Ebenholz- und Maschel-zylindern. |
| 287 | B 222. | 1 Halsband aus Stücken von Stachel-schweinborsten. |
| 288-289 | B 72,208. | 2 Armbänder aus Ziegenfellstreifen. |
| 290-298 | B 110 a-1. | 9 Armbänder aus Gras geflochten. |
| 299 | B 14. | 1 Rolle Aluminiumstreifen für die Herstellung von Aluminiumschmuck. |
| 300-335 | B 11(1-20) 74(1-10) 109(1-6). | 36 Fußreifen aus Aluminium, unver-ziert. |
| 336-391 | B 12(1-9), 13(1-15), 108(1-32). | 56 Armreifen aus Aluminium, gemustert. |
| 392-403 | B 241(1-10) 282 a,b. | 12 Wadenringe aus Kupferdraht. |
| 404-411 | B 152 a,b, 240 a,b, 256,283, 201,323. | 8 aus Gras geflochtene Trauerbänder. |
| 412-413 | B 125,151. | 2 Halsschnüre mit je 1 Porzellan-scheibe. |

| Lfde. Nr. | Katalog-Nr. | Gegenstand |
|---|---|---|
| 414-415 | B 82,287. | 2 Stirnschmucke mit Perlensträngen. |
| 416 | B 77. | 1 Halsband mit Perlen geflochten, mit anhängendem Amulett. |
| 417-432 | B 76,78, 80,81, 82,84, 85, 111 a-d, 119,242, 272,322o, o.Nr. | 16 Amulettschnüre. |
| 433-434 | B 149 a,b. | 2 Zauberwurzeln. |
| 435-436 | B 167,283. | 2 Kappen der Zauberärzte. |
| 437 | B 202. | 1 Gürtel eines Zauberarztes mit Kauri besetzt. |
| 438 | B 79. | 1 Halsband, mit roter Erde beschmier |
| 439-443 | B 34 a-c, 102 a,b. | 5 Kindertragleder. |
| 444-446 | B 73,101, 307. | 3 Doppelschurzfelle. |
| 447-448 | B 174 a,b. | 2 Durchziehschurzfelle. |
| 449-450 | B 187,309. | 2 Felle als Tanzschmuck benutzt. |
| 451-454 | B 187,238, 244,306. | 4 Männertanzschurze aus Fellstrei-fen. |
| 455 | B 246(1-8). | 1 vollständige Tanzausrüstung eines Mannes, bestehend aus: 2 Fußfesseln, 2 Unterschenkelbändern, 2 Fellschurzen, 2 Oberarmbändern. |
| 456 | B 267(1-5) | 1 Tanzschmuck, bestehend aus: 1 Fellschurz, 2 Oberarmbändern, 2 Unterschenkelbändern. |
| 457 | B 324 | 1 Hüftschurz eines Knaben. |
| 458-460 | B 169 a,b, 205. | 3 Tanzarmbänder aus Tierhaar. |
| 461 | B 207. | 1 Kopfband aus Tierfellstückchen. |
| 462 | B 186. | 1 Tanzarmband mit Federn und Tier-haaren. |
| 463-471 | B 136 a-c, 140 a,b, 145,193, 224 a,b. | 9 Federkopfschmucke. |

| Lfde. Nr. | Katalog-Nr. | Gegenstand. |
|---|---|---|
| 472-474 | B 245 a-c. | 3 Frauentanzschurze aus Melablatt-streifen. |
| 475 | B 133. | 1 Kopfputz eines zum ersten Male menstruierenden Mädchens (rotes Tuch mit Straußenfeder). |
| 476 | B 298. | 1 geflochtener Hut. |
| 477-478 | B 68,221. | 2 geflochtene Kappen. |
| 479 | B 137. | 1 Zulukopfring, imitiert aus Auto-gummi. |
| 480-482 | B 94 a-c. | 3 geflochtene Penisfutterale. |
| 483 | B 214. | 1 geflochtene Hülle zum Schutz verletzter Zehen. |
| 484-488 | B 28 a-d, 140. | 5 große Tanzstäbe mit Brand- und Ritzmustern. |
| 489-501 | B 39 a-c, 40 a-e, 100 a,b, 175,299, o.Nr. | 13 Tanzkeulen und -stäbe, unverziert. |
| 502-503 | B 233 a,b. | 2 Tanzkeulen mit dickem Knauf. |
| 504-506 | B 29 a-c. | 3 kleine Tanzstäbe mit Brand- und Ritzmustern und beschnitzt. |
| 507 | B 177. | 1 Tanzstab, als Knauf geschnitzte menschliche Figur. |
| 508-510 | B 27 d,e, 97. | 3 Tanzäxte. |
| 511 | B 210. | 1 Fußrassel aus schwarzen Früchten. |
| 512-516 | B 290 a,b, 305, 311 a,b. | 5 Fußrasseln aus kleinen geflochtenen mit Steinen gefüllten Behältern. |
| 517 | B 43 a,b. | 1 Paar Beinrasseln aus runden Früchten. |
| 518-520 | B 42 a-c. | 3 Handrasseln aus Kürbis. |
| 521 | B 45. | 1 Brettrassel. |
| 522-524 | B 44,135, 300. | 3 Flöten. |
| 525 | B 150. | 1 Signalpfeife. |

| Lfde. Nr. | Katalog-Nr. | Gegenstand. |
|---|---|---|
| 526-529 | B 89, 170, 171,264. | 4 Musikbögen (zerbrochen). |
| 530 | B 238 a,b. | 1 Rasselbogen mit Rasselstab. |
| 531-532 | B 296 a,b. | 2 Sanzas. |
| 533-534 | B 182,183. | 2 Marimbas. |
| 535-537 | B 30 a-c. | 3 Reifentrommeln, dazu 2 Trommelstöcke (stehen unter Nr. 95). |
| 538-539 | B 95,317. | 2 kleine Holztrommeln (dazu 1 Trommelstock) rund. |
| 540 | B 276. | 1 mittlere Holztrommel mit 2 Frauenbrüsten, rund. |
| 541 | B 113. | 1 Standtrommel, zylindrisch. |
| 542-547 | B 19 a-d, 271 a,b. | 6 Fischspeere, lang. |
| 548-550 | B 19 e-g. | 3 Fischspeere, kurz. |
| 551 | B 227. | 1 Speer (von einer Speerfalle). |
| 552-562 | B 20 a,b, 9 a-e, 249 a,b, 280,o.Nr. | 11 Stoßspeere. |
| 567-577 | B 21 a-f, 22(1-7), 178 a, 194 a. | 15 Bögen. |
| 578-579 | B 22(8-9). | 2 Kinderbögen. |
| 580-620 | B 16(1-10), 17(1-6), 18(1-9), 88 a-e, 138 b-f, 147, 194 b,c, 198,257, o.Nr. | 41 Pfeile (davon 1 zerbrochen), |
| 621-622 | B 255 a,b. | 2 Bindel Pfeilgift. |
| 623-624 | B 116,144. | 2 Schutzhüllen f. d. Pfeilspitzen. |
| 625 | B 313. | 1 Schleuder, geflochten. |

| Lfde. Nr. | Katalog-Nr. | Gegenstand. |
|---|---|---|
| 712-725 | V 8 a,b, 17 a,b, 21, 60 a,b, 91,231, 232 a,b,c, 374,o.Nr. | 14 Eßschüsseln, hölzern, rund, ohne Füße |
| 726-727 | V 221,444. | 2 hölzerne Eßschüsseln, rund, ohne Füße, mit Griff. |
| 728-729 | V 32 a,b. | 2 hölzerne Eßschüsseln, rund, mit 4 Füße |
| 730 | V 447. | 1 hölzerne Eßschüssel, rund, mit Untersatz. |
| 731-733 | V 170,227, 449. | 3 hölz. Eßschalen, länglich, mit 4 Füßen mit Brand- und Ritzmustern. |
| 734-737 | V 40 a,b, 121 a,b, 239 a,b, 284 a,b. | 4 große Getreidemörser, hölzern, mit je 1 Stampfer. |
| 738-739 | V 359 a,b, 410 a,b. | 2 kleine Getreidemörser, hölzern, mit je |
| 740-760 | V 9, 47, 94 a-c, 118, B 127, V 134 a,b, 184, 210 a-c, 259,324, 345,365, 392 a, 403,421, 549. | 21 Nackenstützen, hölzern, beschnitzt. |
| 761 | V 136 | 1 Nackenstütze mit 4 Beinen, hölzern, Schemelartig. |
| 762 | V 94 d. | 1 Nackenstütze, hölzern, mit 3 Beinen. |
| 763-769 | V 230, 233 a,b, 234 a,b,c, 392 b. | 7 Nackenstützen, hölzern, roh. |
| 770-780 | V 73, 63 117,152, 169,201, 257,290, 323 a,b, 443. | 11 Schemel, hölzern, beschnitzt. |

## B: Ndau.

| Lfde. Nr. | Katalog-Nr. | Gegenstand. |
|---|---|---|
| 626-635 | V 55,130, 142,264, 280,305, 332, 416 a-c. | 10 Kalebassen, unverziert. (davon 1 zerbrochen.) |
| 636-637 | B 130, V 496. | 2 Kalebassen, verziert mit Brand- und Ritzmustern. |
| 638-640 | V 318 a,b,c, 418. | 3 Kalebassenschalen,unverziert. |
| 641 | V 452. | 1 Kalebassenschale mit Brand- und Ritzmustern verziert. |
| 642-645 | V 246 a,b, 360,497. | 4 Kalebassenschöpflöffel. (davon 2 zerbrochen.) |
| 646-647 | V 555,556. | 2 große umflochtene Töpfe (leicht beschädigt). |
| 648-651 | V 15,22 e, 29 a,b. | 4 große Töpfe mit Hals, mit Brand- und Ritzmustern. |
| 652 | V 30. | 1 mittl. Topf mit Hals und Brand- und Ritzmustern. |
| 653-673 | V 13 a,b,c, 22 a-d,f, 26 a-1, 73, 126 a,b,c. | 21 mittelgroße Töpfe mit Brand und Ritzmustern. (davon 2 zerbrochen, 1 schwer beschädigt, 4 leicht beschädigt.) |
| 674-683 | V 27(1-8), 133,250. | 10 kleine Töpfe mit Brand- und Ritzmuster (davon 2 leicht beschädigt.) |
| 684-685 | V 538 a,b. | 2 vasenähnliche Töpfe (davon 1 leicht beschädigt) |
| 686-696 | V 31 a,b, 54 a-c, 127 a,b,c, 132 a, 415 a,b. | 11 Näpfe, z.T. mit Brandmustern verziert. |
| 697-711 | V 14 a,b, 28 (1-8), 57, (1-6), 125 (1-6). | 15 Tonschalen, mit Brandmustern verziert (davon 3 zerbrochen) |

| Lfde. Nr. | Katalog-Nr. | Gegenstand. |
|---|---|---|
| 781-782 | V 453,486. | 2 Stühle, hölzern, mit Lehne, beschnitzt |
| 783-785 | V 490 a-c. | 3 Holzstiegen. |
| 786-791 | V 119,144, 204,283, 310,442. | 6 hölzerne Türschwellen mit Darstellung von Frauenbrüsten. |
| 792-794 | V 440,467, 469. | 3 hölzerne Hüttentüren, bemalt. |
| 795-796 | V 462,470. | 2 Hüttentüren, geflochten. |
| 797 | V o.Nr. | 1 Hüttenaufsatz, aus Gras geflochten. |
| 798-804 | V 65, 137 a-c, 153 a-c. | 7 Matten aus Grasstengeln geflochten. |
| 805-806 | V 307,342. | 2 Matten, aus Bambusstäben geflochten. |
| 807-810 | V 224,281, 312 a,b. | 4 große, geflochtene Körbe, zum Aufbewahren von Getreide. |
| 811-812 | V 154,225. | 2 zylindr. Rindenbehälter mit aufgeflochtenem Korbstück. (davon 1 zerbrochen.) |
| 813-814 | V 2 o.Nr. | 2 große, runde Körbe. (ohtundu) |
| 815-825 | V 11 o.Nr. | 11 mittl. runde Körbe. (ohitundu) |
| 826 | V 544. | 1 zylindr. mittl. Korb mit Deckel.(Matur |
| 827-829 | V 116,196, 394. | 3 mittl. runde Korbschachteln mit je 1 Deckel. (mutundu) |
| 830-832 | V 72,197, 558. | 3 mittl. runde Korbschachteln mit je 1 Deckel, mit Ritz- u. Brandmustern. |
| 833-836 | V 294,361, 424,489. | 4 mittl. runde Korbschachteln mit je 1 Deckel,mit Tragbeutel u. Ritz- und Brandmustern. |
| 837 | V 545. | 1 kleine runde Korbschachtel mit Deckel und Traghenkel. |
| 838-842 | V 75 a,b, 176,356, 557. | 5 mittl. runde, flache Korbschalen, unverziert. |
| 843-844 | V 320,450. | 2 kleine, runde, flache Korbschalen, unverziert. |
| 845 | V o.Nr. | 1 großer Korb |
| 946-948 | V 12 a-c. | 3 mittl Körbe } von gleichem Typ. |
| 849 | V 3.2. | 1 kleiner Korb. |

| Lfde. Nr. | Katalog-Nr. | Gegenstand. |
|---|---|---|
| 850 | V 175 c. | 1 kleiner Korb. |
| 851-855 | V 122 b, 175 d-g. | 5 mittl. konische Körbe. |
| 856-860 | V 121,128a, 175 a,b, 202. | 5 kleine konische Körbe. |
| 861-866 | V 45 a,b, 64 a,b, 123,200. | 6 Worfeln. |
| 867-869 | V 206,412, 441. | 3 Auftragschalen, geflochten, z. Auftragen von Speisen, mit Ritzmustern verziert. |
| 870-871 | V 277,473. | 2 geflochtene Bierseiher, in Sackform. |
| 872 | V 362. | 1 gr. geflochtene Tragtasche. |
| 873-874 | V 97,407. | 2 geflochtene Tragtaschen, mittel. |
| 875 | V 333. | 1 geflochtene Tragtasche, klein. |
| 876 | B 304. | 1 mit Perlen gefl. Täschchen, klein. |
| 877-882 | V 76,99, 110,143, 168,268. | 6 Fellsäcke. |
| 883 | V 337. | 1 Fellbeutel z. Schutze der Pfeilspitzen. |
| 884 | V 276. | 1 Tierschwanz als Messerscheide benutzt. |
| 885-887 | V 71 a,b, 518. | 3 Blasebälge (1 vollständiger und 1 halber) aus Leder. |
| 888-895 | V 173, 215 a,b, 279 a,b, 257 a-c. | 8 Baumbaststücke. |
| 896 | V 157. | 1 mittl. Rindenkorb mit Tragstrick, zyli |
| 897 | V 336 a,b. | 1 mittl. Rindenkorb mit Deckel, zylindr. |
| 898 | V 255. | 1 gr. Rindenbehälter zur Aufbewahrung vo Getreide, zylindrisch. |
| 899 | V 26?. | 1 mittelgr. zylindr. Rindenkorb, gefüllt mit Manikwakonserve. |
| 900-902 | V 280 a,b, 341. | 3 Bienenbauten aus Baumrinde. |
| 903-907 | V 62,155 177 a,b, 243. | 5 Fischsetzkörbe. |

155

| Lfde. Nr. | Katalog-Nr. | Gegenstand. |
|---|---|---|
| 973-979 | V 115 a,b, 148 a-d, 247. | 7 Fischkätscher. |
| 980 | V 550. | 1 Ruder. |
| 981-982 | V 166,291. | 2 Hacken mit Holzklinge. |
| 983-990 | V 212 a,b, 302 a,b, 325, 344 a,b, 353 a,b. | 8 Hacken mit Eisenklingen. |
| 991-998 | V 84 a,b, 96 a, 111,112, 213 c,d, 450. | 8 Beile. |
| 999-1002 | V 301,358, 392,414. | 4 Kratzer, zum Aushöhlen von Holzgefäßen. |
| 1003 | V 161. | 1 Instrument zum Aushöhlen von Tabaksflaschen. |
| 1004-1006 | V 11,349, 357. | 3 Stichel zum Mattenflechten. |
| 1007-1008 | V 527,522. | 2 Rasiermesser. |
| 1009-1010 | V 375 a,b. | 2 Bündel rote Erde zum Färben. |
| 1011-1013 | V 376 a-c. | 3 Bündel weiße Erde zum Färben. |
| 1014-1044 | V 24, 36 a,b, 50 a,b, 70 a,b,c, 109 a,b,c, 150, 159 a-c, 160,174, 186 a,b, 209 (1-6), 253, 272 a,b, 299,364, 398,474. | 31 Tabaksfläschchen aus Ebenholz. |
| 1045 | V 399. | 1 Tabaksfläschchen. (Kalebasse an Fellschnur.) |
| 1046 | V 478. | 1 Röhrenknöchchen zum Schnupfen, mit Ritzmustern. (angebrochen.) |
| 1047 | V 56. | 1 Holzkamm, geflochten. |

| Lfde. Nr. | Katalog-Nr. | Gegenstand. |
|---|---|---|
| 908-911 | V 352 a,b, 396,402. | 4 geflochtene Behälter zum Transport von Geflügel. |
| 912 | V 352 c. | 1 Tragstange zu 352 a,b. |
| 913 | V 438. | 1 große Darre, rund, geflochten. |
| 914-915 | V 506,531. | 2 kleine Darren, rund, geflochten. |
| 916-917 | V 370x, 428. | 2 geflochtene Tragringe. |
| 918 | V 465. | 1 Bündel Seile aus Maisblattstreifen. |
| 919 | V 44. | 1 hölzerner Spazierstock. |
| 920-933 | V 10 a,b, 58 b, 86 a,b, 95 b,c, 131,171a, 180, 217 a,b, 292 a,b. | 14 Holzlöffel, unverziert. |
| 934-936 | V 58 a, 95 a,d. | 3 Holzlöffel, mit Brandmustern verziert. |
| 937-942 | V 46,171b, 217c,270, 401 a,b. | 6 Doppellöffel, hölzern, unverziert. (davon 4 zerbrochen.) |
| 943-947 | V 151,303, 487 a,b, 529. | 5 geflochtene Bierseihlöffel. |
| 948-951 | V 245,274, 328,411. | 4 Handbesen. |
| 952 | V o.Nr. | 1 Quirl. |
| 953-957 | V 181,304, 356,457, o.Nr. | 5 Holzschlägel, zum Festklopfen des Hüttenbodens. |
| 958-960 | V 56 a,b, 470 a,b, 484 a,b. | 3 Feuerbohrer, aus je 2 Teilen bestehend |
| 961-964 | V 434,463, 491,504. | 4 Spindeln mit Schildkrotschale als Wirtel. |
| 965 | V 509. | 1 Baumwollzupfbogen. |
| 966-972 | V 219 a,b, 278 a-d, 522. | 7 Dreschstöcke. |

| Lfde. Nr. | Katalog-Nr. | Gegenstand. |
|---|---|---|
| 1126 | V 539. | 1 Kopfband mit 3 Perlenschnüren. |
| 1127-1130 | V 461,471, 493, B 171. | 4 Kopfreifen der Frauen. |
| 1131 | V 309. | 1 Trauerband um den Kopf getragen. |
| 1132-1140 | V 23,378, 99 a, 256 a,b, 256 a, 472, 492 a,b. | 9 Ohrketten der Frauen aus Perlen. |
| 1141-1145 | V 376,90b, 236,256b, 560. | 5 Halsketten der Frauen aus Perlen. |
| 1146 | V 466. | 1 Halsband. (auf Roßhaare aufgeflochtene Perlen.) |
| 1147 | V 194. | 1 Halsband aus Roßhaaren. |
| 1148 | V 390. | 1 Brustschmuck aus Perlen. |
| 1149 | V o.Nr. | 1 Brustschmuck aus Perlen geflochten, scheibenförmig. |
| 1150 | V o.Nr. | 1 Täschchen, mit Perlen geflochten. |
| 1151 | V 454. | 1 Kinderarmband aus Perlen. |
| 1152 | V o.Nr. | 1 Armband aus Perlen u. an kl. mit roter Erde beschmierten Schnuren befestigten europäischen Knöpfen. |
| 1153-1154 | V 380,389. | 2 Armbänder aus Messingperlen. |
| 1155-1210 | V 35(1-17), 133 8-c, 229(1-7), 262(1-9), 313(1-7), 316(1-8), 317(1-7). | 56 Armreifen aus Aluminium, verziert. |
| 1211-1246 | V 34(1-26), 314(1-10). | 36 Fußreifen aus Aluminium, unverziert. |
| 1247(1-11) | V 156(1-11). | Werkzeug und Rohmaterial zur Herstellung von Aluminiumschmuck, bestehend aus 2 Meißeln, 1 Messer, 4 Aluminiumlamellen, 4 Armreifen aus Aluminium. |
| 1248 | V 335. | 1 Brustschmuck aus Papageienfedern. |
| 1249-1254 | V 241,293, 542 a,b, 734 a,b. | 6 Brustschmucke aus Eichhörnchenfell. |

| Lfde. Nr. | Katalog-Nr. | Gegenstand. |
|---|---|---|
| 1048-1058 | V 39,164, 371 8-c, 475 a,b, 477,488a, 494 a,b. | 11 Knochenkämme, mit Ritzmustern. |
| 1059-1060 | V 105,o.Nr. | 2 Stachelschweinborsten als Haarschmuck benutzt. |
| 1061-1073 | V 448 a-g, 482 a-f. | 13 Kreisel aus Kalebassenstückchen. |
| 1074-1076 | V 369 a,b, 423. | 3 Schwirrscheiben aus Kalebassenstückchen. |
| 1077-1078 | V 348,350. | 2 Schwirrscheiben aus Ton. |
| 1079-1081 | V 347,429, 455. | 3 Schleudern, geflochten. |
| 1082 | V 552 a,b. | 1 Paar Stelzen. |
| 1083 | V 464. | 1 Spielreifen. |
| 1084 a b. | V 548 a,b. | 1 Ballspiel. (Schlagstock u. kugelige Frucht.) |
| 1085 | V 463. | 1 "Sanza" für Kinder. |
| 1086 | V 1. | 1 Einbaum. (Spielzeug.) |
| 1087-1094 | V 62, 135, 178, 214 a,b, 513,521, 547. | 8 Puppen, geflochten. |
| 1095 | V 216. | 1 Puppentragfell. |
| 1096-1103 | V 413,473, 480(1-5), o.Nr. | 8 menschliche Holzfiguren. |
| 1104 | V 427. | 1 tierische Holzfigur. (Hund.) |
| 1105-1122 | V 53, 61, 222(1-5), 265, 288(1-7), 354,391, o.Nr. | 18 hölzerne Vogelfiguren. (zu V 53,288(1-4),265,288(1-7) je 2 Stäbchen(=Beine), zu V 288 zwei Standbretter.) |
| 1123 | V 507. | 1 Knotenschnur, als Gedächtnishilfe benutzt. |
| 1124-1125 | V 378,o.Nr. | 2 Kopfbänder mit geflochtenen Fransen. |

| Lfde. Nr. | Katalog-Nr. | Gegenstand. |
|---|---|---|
| 1255-1256 | V 785,476. | 2 Schneckenschoichen. (Abzeichen d. Zauberers) |
| 1257-1269 | B 112, V 16,198, 100,248, 255,296, 281,390, 384,4.5, 426,o.Nr. | 13 mit kleinen Amuletten behangene Schnüre. |
| 1270-1271 | V 253,434. | 2 Amulettschnüre, jede mit 1 gr. Tierzahn. |
| 1272-1276 | V 240,261, 209,379, 408. | 5 mit gr. Amuletten behangene Schnüre. |
| 1277-1279 | V 109,228, 786 (333 mm) | 3 Brustschnüre des Zauberers mit in Tuch eingebundenen Amuletten. |
| 1?8 | V 788. | 1 Brustgehänge des Zauberers mit 4 Tierbälgen. |
| 1281-1285 | V 162,187, 387 a, 404,517. | 5 Brust- u. Leibschnüre der Zauberinnen, mit roter Erde beschmiert. |
| 1296 | V382 b. | 1 Brustschnur des Zauberers aus Schlangenhaut. |
| 1 287-1291 | V 181 a,b, 528,537, 540. | 5 Kopfbänder des Zauberers, mit Kauri besetzt. |
| 1292 | V 80 b. | 1 Kopfbinde des Zauberers aus Schlangenhaut. (zu 80 a) |
| 1293-1294 | V 192,260. | 2 Halsschnüren (der Zauberin?). |
| 1295-1301 | V 25,8oa, 193,280, 299,420, 430. | 7 Kappen der Zauberärzte. |
| 1?2 | V 240. | 1 Wedel des Zauberarztes. |
| 1303-1305 | V 139, 211 a,c, V 515(1-6). | 3 Medizinhörner des Zauberarztes. |
| 1306 | | 1 vollständiger Satz Divinationswürfel (hakata) in kl. geflochtener Tragtasche. |
| 1307 a-c | V 435 a-c. | 3 Schneckengehäuse, als hakata benutzt. |
| 1308 e-g | V 277(1-7). | 7 hakata, hauptsächlich Schildkrotstücke benutzt. |
| 1309 a-f | V 505(1-6) | 6 hakata, hauptsächlich Schildkrotstücke, an Drahtring. |

| Lfde. Nr. | Katalog-Nr. | Gegenstand. |
|---|---|---|
| 1310 a-f | V 526(1-6). | 6 hakata in Fellbeutel. |
| 1311 a-f | V 534(1-6). | 6 hakata, hauptsächlich Schildkrotstücke in mit Fell umflochtener Tragtasche. |
| 1312 a-f | V 528(1-6). | 6 Steinfrüchte, als hakata benutzt. |
| 1313 a-f | V 319(1-6). | 6 Steinfrüchte, als hakata benutzt. |
| 1314 | V 533. | 1 Kreuzwegopfer.(2 kleine Kürbisstücke auf einem Stab.) |
| 1315-1317 | V 62,97, 194. | 3 Kindertragfelle. |
| 1318-1322 | V 18, 81, 98,167, 546. | 5 Durchziehfellschurze. |
| 1323 | V 78. | 1 Doppelschurzfell. |
| 1324 | V 254. | 1 Fellweste. |
| 1325 | V 185. | 1 Hyänenfell, vom Zauberarzt auf dem Rücken getragen. |
| 1326-1327 | V 77,351. | 2 Tanzschmuck aus Fellstreifen. |
| 1328 | V 409. | 1 Oberarmschmuck.(Gummireifen mit Roßhaar) |
| 1329-1330 | V 163,338. | 2 Kopfschmucke aus Stachelschweinborsten. |
| 1331-1333 | V 498,514, 536. | 3 Kopfschmucke aus Straußenfedern. |
| 1334 a b | V 554 a,b. | 2 Büschel aus Straußenfedern, auf dem Kopf getragen. |
| 1335-1337 | V 72,71,510, 524 a,b. | 3 Kopfringe, zu 524 a ein Glättstein. |
| 1338-1341 | V 192,378, 445,512. | 4 hölzerne Perlskapseln. |
| 134?-1343 | V 322 a,b, 541 a,b. | 2 Paar Sandalen. |
| 1344-1348 | V 503 a-c, 535,o.Nr. | 5 Decken aus Bastfasern geknüpft. |
| 13?? | V o.Nr. | 1 großer Schurz, aus Bastfasern geknüpft, mit Perlen verziert. |
| 13??-1359 | V 62,172, 168,261, 242,267, 296,373, 519 a,b. | 10 kleine Tanzschurze, aus Bastfasern geknüpft. |

| Lfde. Nr. | Katalog-Nr. | Gegenstand. |
|---|---|---|
| 1360-1370 | V 89,106, 129, 149 a,b, 194 x a, 205 a-d, 266. | 11 Tanzschurze aus Mbarablattstreifen. |
| 1371-1376 | V 300,340, 369, 501 a,b, 551. | 6 Tanzstäbe aus Bambus, reich beschnitzt (davon 1 angebrochen.) |
| 1377-1378 | V 120,346. | 2 lange Tanzstäbe aus Holz, unverziert. |
| 1379 | V 559. | 1 langer Tanzstab aus Holz, mit Perlen umflochten. (beschädigt.) |
| 1380-1382 | V 7,105b, 426. | 3 lange Tanzstäbe aus Holz, beschnitzt. |
| 1383-1384 | V 273 a,b. | 2 mittl. Tanzstäbe aus Holz mit kolbenähnlichem Knauf. |
| 1385 | V 516. | 1 Tanzstab aus Holz, Knauf geschnitzt. |
| 1386-1389 | V 59 b,c, 65,419. | 4 kleine Tanzstäbe aus Holz, mit Brand- und Ritzmustern. |
| 1390-1401 | V 59 a,d, 105 a, 138 a,b, 182 a,b,c, 218 a,b,c, 226 a,b. | 12 kleine Tanzstäbe aus Holz, unverziert. |
| 1402-1404 | V 355 a,b, 476. | 3 Tanzkeulen mit dickem Knauf aus Holz. |
| 1405 | V 51. | 1 Tanzbeil, hölzern, mit Brand- und Ritzmustern. |
| 1406-1414 | V 26 b, 141, 217 a,b,c, 326, 368 a,b, 555. | 9 Tanzäxte. (davon 1 zerbrochen.) |
| 1415-1416 | V 299,400. | 2 Tanzschilde, klein. (V 400 ohne Längsstab) |
| 1417-1419 | V 38 a,b, 88. | 3 Knöchelrasseln aus schwarzen Früchten. |
| 1420-1427 | V 79 a,b, 363 a,b, 417,495ab. | 8 Wadenrasseln aus braunen kugeligen Früchten. |

| Lfde. Nr. | Katalog-Nr. | Gegenstand. |
|---|---|---|
| 1428-1432 | V 101,179, 207,431, 499. | 5 Rasselbälle. |
| 1433-1438 | V 100, 258 a,b, 269,297, 315. | 6 Handrasseln aus Kürbis. (davon 1 zerbrochen.) |
| 1439-1440 | V 457 a,b. | 2 Brettrasseln. |
| 1441-1443 | B 117, V 451,570. | 3 Flöten. |
| 1444-1446 | V 140, 211 b,d. | 3 Blashörner, groß. |
| 1447-1449 | V 168,211e, 239. | 3 Blashörner,klein. |
| 1450 | V 446. | 1 Musikbogen, ohne Kalebasse, beschnitzt. |
| 1451-1454 | V 367,427, 6, 89. | 4 Musikbögen mit je 1 Kalebasse. (1 leicht angebrochen.) |
| 1455 | V 331. | 1 Kalebasse von einem Musikbogen, beschni |
| 1456-1459 | V 5 a,b, 422 a,b, 456 a,b, 485 a,b. | 4 Rasselbogen mit je 1 Rasselstab. |
| 1460-1463 | V 327,508, 2xo.Nr. | 4 Sanzas. |
| 1464 | V o.Nr. | 1 Sanza mit Kürbis als Resonanz. (diese) zerbrochen.) |
| 1465-1470 | V 146 a,b, 225 a,b,c, 226 a,b,c, 229 a,b,c, 543 a,b. | 6 Reifentrommeln ohne Griff, mit 7 Schlägeln. |
| 1471 | V 61 a,b. | 1 Reifentrommel mit Griff, mit 1 Schlägel |
| 1472 | V 311 a-c. | 1 gr. Holztrommel, rund, mit 2 Schlägeln. |
| 1473-1479 | V 33 a,b, 145 b,c, 147, 165 a,b, 228 a-c. | 7 mittl. Holztrommeln, rund oder oblong, dazu 3 Schlägel. |
| 1480-1482 | V 74,020, 145 a. | 3 kleine Holztrommeln, rund. |
| 1483-1484 | V 2,263. | 2 zylindr. Standtrommeln, hölzern. |

| Lfde. Nr. | Katalog-Nr. | Gegenstand. |
|---|---|---|
| 1485 | V 439. | 1 Fischspeer. |
| 1486-1498 | V 43, 48, 69 a,b, 199,244, 295 a-c, 747,395, 397,425. | 13 Stoßspeere. |
| 1499 | V 190. | 1 Speerspitze in kurzem Schaft, als Messer verwendet. |
| 1500-1514 | V 198,41ab, 3 a-d, 49,107, 66a,b, 113,177, 308 a,b. | 15 Bögen. |
| 1515-1549 | V 4(1-7), 20(1-4), 42(1-8), 68 a,b, 108 a, 114 a-e, 275 b,c, 285 a-g, 308 c,d, 366. | 35 Pfeile. |
| 1550-1552 | V 458,459, 460. | 3 Bündel Pfeilgift. |
| 1553 | V 533. | **Nachtrag:** 1 Brustschnüre des Zauberers mit in Tuch eingebundenen Amuletten. (gehört unter Nr. 1277-12791) |

# C: Z e z u r u .

| Lfde. Nr. | Katalog-Nr. | Gegenstand. |
|---|---|---|
| 1554-1556 | Z 1,2,3. | 3 Tongefäße mit Hals, verziert. |
| 1557-1558 | Z 4,5. | 2 gr. Tongefäße, verziert.(davon 1 zerbrochen.) |
| 1559-1562 | Z 6,7,8,9. | 4 mittl. Tongefäße, verziert. (davon 1 zerbrochen, 2 angebrochen.) |
| 1563 | Z 10. | 1 mittl. Tonschale, verziert. |
| 1564 | Z 11. | 1 kleine Tonschale, verziert. |
| 1565 | Z 12. | 1 Tongefäß mit 2 Ausgüssen, verziert. |
| 1566 | Z 13. | 1 Doppelgefäß, verziert. |
| 1567-1569 | Z 14 a,b, 15 a,b, 16 a,b. | 3 Gefäße in Tierform mit je 1 Deckel, verziert.(davon 2 zerbrochen.) |
| 1570-1576 | Z 17-23 | 7 Tanzbelle. |
| 1577-1581 | Z 24-28 | 5 Messer mit hölzerner Scheide. |
| 1582 | Z 29 | 1 Messer ohne Scheide. |

## Zusammenstellung historischer Objektphotos
## (mit Originalbeschriftung Spannaus/Stülpner)

Musikgeräte der Shengwe.
1 Flöte, 2 Reifentrommel, 3 Klimper,
4 Xylophon, 5-7 Trommeln.

Trommeln der Danda.

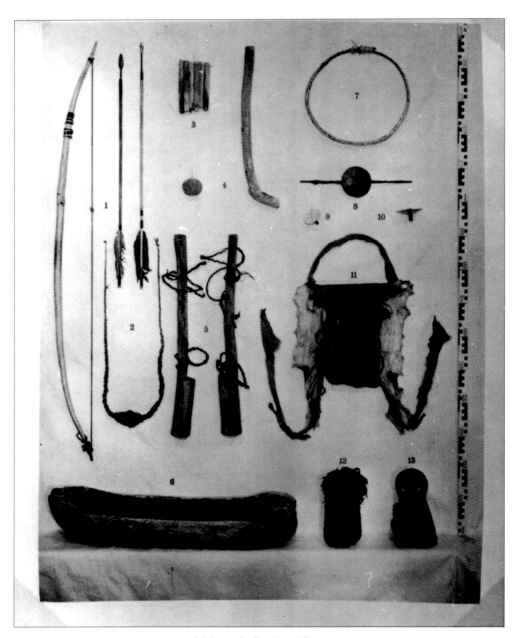

Spielzeug der Danda und Shengwe.
1 Kinderbogen mit 2 Pfeilen, 2 Stein-
schleuder, 3 Kinderklimper, 4 Schlag-
stock mit Ball, 5 Stelzen, 6 Einbaum,
7 Reifen, 8 Schwirrscheibe, 9-10 Drill-
kreisel, 11 Puppentragfell, 12 Puppe
der Danda, 13 Puppe der Shengwe.

Schemel (1-3), Nackenstützen (4-9) und
eine Hüttenschwelle (10) der Shengwe.

Kalebassen, Töpfe und Schüsseln der Shengwe.
1-4 Kalebassen, 5-6 Wasser- und Biertöpfe,
7-10 Trinknäpfe, 11 dreiteilige Schale zum
Auftragen der zwei Speiseschüsseln u. des
Trinknapfes, 12-14 hölzerne Speiseschüsseln
für Mehlbrei, 15 hölzerner Bierkrug.

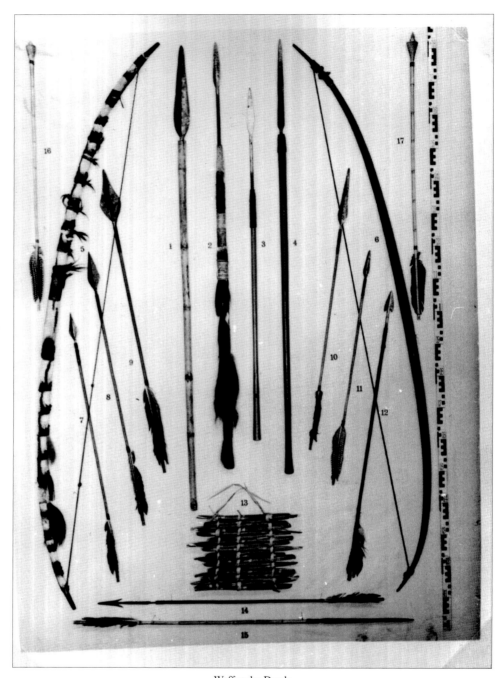

Waffen der Danda.
1-4 Speere, 5-6 Bögen, 7-12 Pfeile mit
Eisenspitzen, 13 Pfeilgift, 14 Pfeil m.
Giftaufstrich hinter der Spitze, 15-17
Pfeile mit Holzspitzen (Vogelpfeile).

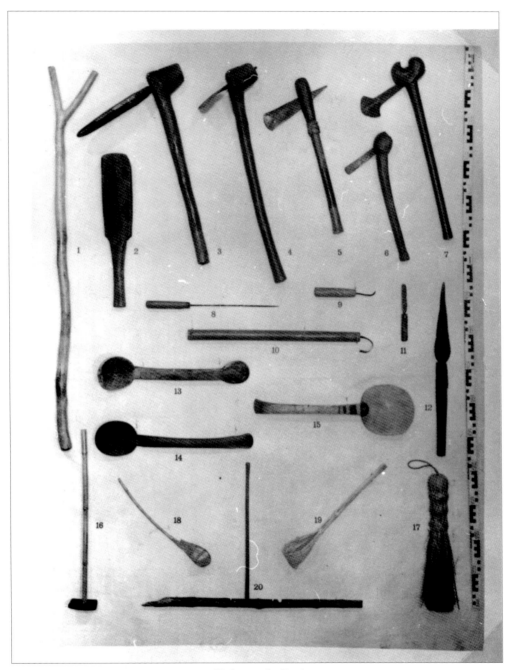

Werkzeuge der Danda.
1 Dreschstock, 2 Holzschlägel zum Festklopfen
des Hüttenbodens und der Hüttenwände, 3 Feldhacke mit Holzklinge, 4 Feldhacke mit Eisen-
klinge, 5-7 Beile, 8 Flechtstichel, 9-10 Kratzer zum Aushöhlen von Holzgefässen, 11 Rasier-
messer, 12 Messer zum Zerlegen des Fleisches,
13-15 Holzlöffel, 16 Spindel, 17 Besen, 18-19
Löffel zum Durchseihen des Bieres, 20 Feuer-
bohrer.

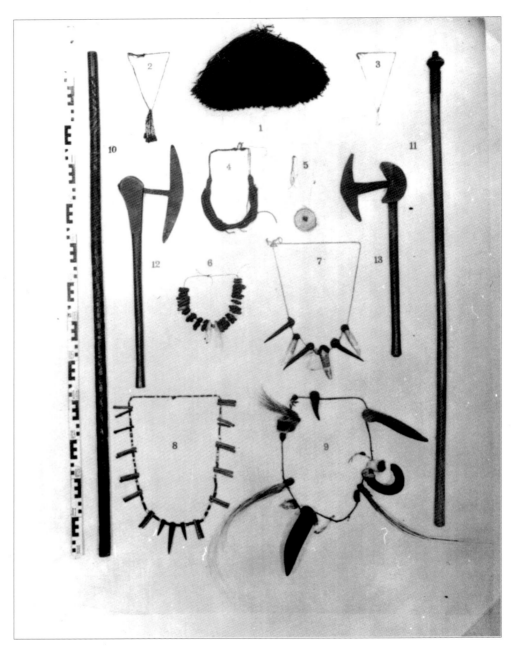

Ausrüstung eines Zauberdoktors der Shengwe.
1 geflochtene Kappe, 2-3 Stirnschmuck, 4 Hals-
band, 5 Brustschmuck, 6-9 Amulette, 10-11
Tanzstäbe, 12-13 Tanzäxte.

Schnitzereien der Danda.
Oben Dachvögel, unten menschliche
Figuren und Hund.

Wasser- und Biertöpfe der Ndau.

Tongefäße der Danda.
1-2 Wasser- und Biertöpfe, 3-8
Trinknäpfe, 9 tönerne Speise-
schüssel für Fleisch oder Gemüse.

Körbe der Shengwe.
1-4 Körbe, 5 Getreideworfel, 6 Deckelkorb eines Zauberdoktors, 7-8 sackar-
tige Behälter, 9 Gefäß aus einem einzigen Stücke Baumrinde.

Fischereigeräte der Shengwe
(Fischspeer, Fischhaken, Reusen).

# Verzeichnis der phonographischen und Filmaufnahmen (Faksimile)

Texte der Phonographischen Aufnahmen der Mocambique-Expedition
Dr.Spannaus-Dr.Stülpner.

## I.Bashlengwe.

### A.Masengena.

I.a. Pondo dzako zino viya. (Gesang wird "vandau" genannt).
Your pounds will be back,because you are troubelling me.

I.b. Ya muyeya bantu ye makaukane. (Gesang wird "makaukane"genannt).
You must select one of the boys whom you want.
Makaukane ist ein hübsches Mädchen,das von zwei Knaben geliebt wird,
sich aber nicht entscheiden kann.

II.a. Mova mbele ngwana wakufana nakuchachula hola mane. (Genannt "mova").
Mbele Ngwana was dancing same as a motor(mova).

III.a. Mangaveni usaie mukuwo inga pei.Dukunyeka fadoko wala tombozana zae
mukuwo. (genannt Mangaveni).
You,mangaveni,you are a bad girl.As soon as I want to give a "limba"
(cloth)you are refusing.Therefore you are not good girl.

III.b. Kwela inyini aukweke komala.
You must ride in the train.If you do not want to ride in the train,
you must touch me here.
Wenn jemand Angst hat ,auf der Eisenbahn zu fahren,so soll er sich an
einem anderen festhalten.

IV.a. Sibalanda baya shla shluba wangoma dinda weswe.
We found them busy nothing Wangoma,catch those who are far away.
Die Zauberdoktoren ziehen vor,weit weg wohnende des Zaubers anzuklagen.

IV.b. Sesheni hwasara uya manga sesheni u!ava ,!nava ya matonge akagaza
gteni.
They were anxious to kill Sesheni's boy.Now,therefore people saying
to Sesheni:"Why you dont allow us to kill this boy".
Der Junge war sehr hinter den Mädchen her.Die Leute wagten aber nicht
recht,die Sache anzurühren(Sesheni war Oberhauptling?).

V.a. Njokwane wikolwe li nzani .Tomba ya muyeya mat'onga.
Njokwane what kind of Christian are you.Why not pray or us to God as
you are Christian.
Grosse Grippeepidemie 1916 .Die Nichtchristen meinen,die Christen sollten doch für sie zu Gott beten,wenn sie könnten.

V.b. Sumbeya sipopa machona kusedzeli ngepopa wangi kumbeya.
We are dreaming in Mashona while we are a prisoner(in gele ).I dreamt
while they were making my grave.

VI.a. Mwana munifashlaza.
What sort of child is Fashlaza.F.lived in a kraal.They were anxious
to know if it is a girl or a boy(Tanz).

VI.b. Chaichai blene masiye.
Blene ist Name eines Landes,Chaichai kleiner Hügel,alles zusammen Name
eines Landes .Gang aus den Minen von Johannisburg.

## I.Bashlengwe

### B.Mayandire(Bayame)

1. Manyoni famba kachawani angi nga shlai mutsikani mwamushava.(M.)
   Manyoni you are bad man,you are black as a sewt(schwarzer Schwitzer).His face was very uggly.
2. Uya kuza Manyengwe shalati.(M).
   Manyengwe is a beasty animal.This m.was anxious to bite Shalati,because it is a fierce animal.
3. Unokaka bande chishlange chamapawo chichemwe seu tembo mangana.(M.u.F.)
   Makwani killed the son of his brother and then he went to report to the Native Commissioner.
4. Mubabela ukwehe simangee uwasengeti malishlabo.(M.u.F.)
   Simago was asking:"Where is my cloth".(The man refused to give her cloth, also she was anxious to have the cloth.

X.

### C.Jofane .

1. Majungere miere mwananga.
   Majungere was the brother.There were two brothers.He has done something wrong to his brother.Then he said:"I might go because I have done something wrong to my brother."
2. Nuna nga ya Joni kuyakufa.Aya de liquihi ndi bele ka mwana.(Tanzgesang)
   They man went to Johannisburg and then he left his wife here at home.Then the woman says:"He must send the cloth of carrying with the baby."
3. Tanga uchikele unachi sedani komavele utsewe tela kwiri.(Tanzgesang).
   My friend has come with a handkerchief to bind my blothoms.
3.a.Abasha tiratiro "yes"moya wanduni salani"yese"chiakoka.
   Farewell,yes we are going now.
4. Akukina hiswa hinduma hiwa t!waisile uhiswa hinduna amalehe.(Tanzges.)
   We have conquered them in dancing,they have heard the famous about us.
5. Wada nile moya ga gume  bondo siswa genduma safika pitore.Si fundi n!guadi ya gume bondo.
   The war is coming for the British,here are Vandaus.We have reached at Pretoria,we are learning books for ten pounds.

## II.Vandau.

### A.Chibabava.  (Sänger:Madada Zuze,mit Sanzabegleitung).

1. Taperesu bom dia senhor mukuruwani.
   Senhor Taperesu ist der Name desjenigen von dem er Sanzaspielen gelernt hat.
2. Ndarombe mwaramu mwo iye iye.Kuendi ne enda mwaramu woye.
   Der Sänger hat beim Wasserholen den Topf seines Schwagers verloren.
3. Madanda iye iye kuendi no endi iye iye.Nda torergwa maniuna nge jerge.
   Madanda hat 2 Frauen geheiratet,die eine liebt er,die andere singt verzweifelt dies Lied:
4. Kuendi ne enda gumbo denda iye,ndakufa.
   Ein Knabe arbeitete in Buzi im Zuckerfeld,verletzt den Fuss und geht mit wehem Fuss nachhause.Er singt das Lied.

X.

### B.Mashovane

5. Ndanga ndi no fa ne bokiso tangwe nda ma huku ka bimba.Mahuku e yowe.
   Es scheint,dass die Frau mich töten will wegen des Huhnes.Das Huhn gehört einem anderen.
6. Mpata ya ndoy ino maquina ku zungunya.Ndo fu ri ja ndoiwe,kwirirai ndoiwe,ndo kwirirai ndoiwe.
   Lied einer Hochzeitsnacht.Das Mädchen sagt ,es ist ungewohnt und sagt, es tut weh.Er sagt,das macht nichts ,komm nur her etc.

## II.Vandau,Fortsetzung.

7.Gwanya re Joni ndi machonise.Zaworani a mwana akadi.Amakiawe-yowe-iyei,
   hamakiawe bambo.Kiarangu nda tamba ndirona ndaripa nyaripande.(M).
   Die Frau des Transvaalgängers hat die Schlüssel des Koffers verlegt.
8.Mwana wenyuwo ünofanya kumaka pa muthuntu ,kuenda kuhumi ndinobatira musora.
   Der Junge will ein schönes Mädchen beim Holzholen benutzen,weil sie schön
   ist. (M).
9.Mayowe siraure wakatengwa pondo kiaume bambo.(M).

10.Amzamse anguruwe wabatwa nge chizingo shama latu-latu ampururgwe waviya
   nomu nyere .Wakagonda machereni wakona inga cha kacha.(Fr.)

11.Siraure mbama mugona machimwase ba mashodywa kaowe nyeka ya vata wesi kulowo
   siku yondirga.
   Siraure ist ein Name ,Mugona ist die Tochter von Siraure.Machimwase ist
   ist der Sohn von Mashodywa.Die Schwester sagt,die Tochter soll erst
   grösser werden,sie ist jetzt noch zu klein.
12.Yowe-ie-ie Mandongwe ndirindega mukuru wakafa aba wasala awanasendya
   Siraure pa ma mgona ndakaremba ndoriro tongomba.
   Ich bin arm,meine Schwester ist gestorben.Der Vater kümmert sich nicht
   um mich.Ich bin verheiratet,die Kehle singt es.
13.Nda mutanda unogomera shikala mutema kositina nga tendewo Joni tizo kan-
   da kandadya wirumbe "Awa maje ndino juwulaya werombe nda jivulaya ntan-
   gwe rinemwe werombe.
   Ein kranker Mann sagt,sie kamen nach Transvaal,zu machen ein grosses Fest.
   Er will nicht nach Buzi gehen,sondern lieber den Hals abschneiden.Er ver-
   diente dort wenig,er wurde früher von Cipais für die Zuckerfabrik dort
   requiriert.

## Verzeichnis der Filmaufnahmen der Mosambikexpedition.

1. **Bashlengwe,Jofane.**
   Tänze der Männer und Frauen im Tanzschmuck.Marimbamusikanten,Hornbläser.
   Gehen der Frauen mit Korblasten.

2. **Bashlengwe,Jofane.**
   Töpferei aus dem Vollen(für kleinere Töpfe gebraucht).Worı̧eln der Neger-
   hirse.

3. **Bashlengwe,Jofane.**
   Töpferei,Spiraltechnik.(Beginn Technik aus dem Vollen).

4. **Vadanda,Chibabava.**
   Hausbau:Binden des Daches(zun ebener Erde).Das Dach wird auf einem Pfosten befestigt,der später beim eigentlichen Hause keine Rolle spielt.

5. **Vadanda,Chibabava.**
   Hausbau:Auflegen des Grases auf die Dachkonstruktion,gewöhnlich erst nac
   Aufsetzen des Dachgerüstes auf das Fundament gemacht.

6. **Vadanda,Chibabava.**
   Feuerbohren und Entzünden der Flamme.

7. **Vandau,Gogoya.**
   Baumwollspinnen mit Spindel.

8. **Vandau,Gogoya.**
   Hakatawerfen.

## Verzeichnis und Nachweis der Abbildungen

Die historischen Abbildungen sind auf folgenden Bildvorlagen überliefert:

① Originalnegative 6x9 oder 9x12.
② Originalphotos (Kontakte) 6x9 oder 9x12 vom Originalnegativ.
③ Vergrößerungen Postkarte (PK) 10x15 oder Vergrößerungen 13x18.
④ Reproduktionen (Negative) von Originalphotos 6x9, 9x12 oder Postkarte (PK) aus dem Photoalbum Stülpner.
⑤ Repronegativ vom Glasdia 9x12.
⑥ Ursprüngliche Bildvorlage ist der Dokumentarfilm; davon wurde ein Glasdia 9x12 und vom Glasdia ein Repronegativ angefertigt.

Im Abbildungsverzeichnis wird aufgeführt, welche Bildvorlage als Druckvorlage (DV) benutzt wurde, welche weiteren Bildvorlagen (WBV) vorhanden sind und wie die Nummer im Originalphotoverzeichnis (OPV) Spannaus/Stülpner lautet.

Repronegative von sämtlichen Abbildungen befinden sich im Archiv des Museums für Völkerkunde zu Leipzig. Die Bildvorlagen ①,② und ③ befinden sich im Archiv des Instituts für Ethnologie der Universität Leipzig; die Bildvorlagen ④ und ⑤ befinden sich im Archiv des Museums für Völkerkunde zu Leipzig; die Bildvorlagen ⑥ befinden sich im Photoarchiv des Instituts für Länderkunde Leipzig.

Frontispiz:
DV       PK
WBV      ❷ Kontakt 9x12
OPV      539

Abb.: 1
DV       ❶ 9x12
WBV      ❸ 13x18
         ❹ 9x12
OPV      438

Abb.: 2
DV       ❹ PK

Abb.: 3
DV       ❹ 6x9
WBV      ❷ Kontakt 6x9
OPV      280

Abb.: 4
DV       Kontakt 6x9
WBV      ❺
OPV      247

Abb.: 5
DV       ❹ 6x9
OPV      225

Abb.: 6
DV       ❹ 9x12
OPV      428

Abb.: 7
DV       ❷ 6x9
OPV      339

Abb.: 8
DV       ❸ PK
WBV      ❷ 6x9
         ❺
OPV      236

Abb.: 9
DV      (2) 6x9
WBV   (4) 6x9
          (3) PK
          (5)
OPV    351

Abb.: 10
DV      (4) 6x9
WBV   (3) PK
          (5) (beschädigt)
OPV    61

Abb.: 11
DV      (4) 9x12
OPV    465

Abb.: 12
DV      (5)
WBV   (2) 6x9
          (4) 6x9
OPV    246

Abb.: 13
DV      (2) 6x9
OPV    243

Abb.: 14
DV      (2) 6x9
WBV   (2) 6x9
          (5)
OPV    244

Abb.: 15
DV      (3) PK
WBV   (2) 9x12
OPV    477

Abb.: 16
DV      (2) 6x9
OPV    245

Abb.: 17
DV      (3) PK
WBV   (2) 9x12
          (5)
OPV    430

Abb.: 18
DV      (3) PK
WBV   (2) 6x9
OPV    308

Abb.: 19
DV      (1) 9x12
WBV   (2) 9x12, 9,5x13,5
          (3) PK
          (5)
OPV    429

Abb.: 20
DV      (2) 9x12
WBV   (3) PK
OPV    416

Abb.: 21
DV      (3) PK
WBV   (2) 6x9
OPV    241

Abb.: 22
DV      (4) 9x12
WBV   (5) (beschädigt)
OPV    (3) (Dia)

Abb.: 23
DV      (2) 9x12
WBV   (5) (beschädigt)
OPV    418

Abb.: 24
DV      (4) 6x9
OPV    258

Abb.: 25
DV      (2) 6x9
WBV   (5) (beschädigt)
OPV    359

Abb.: 26
DV   ❹ 9x12
WBV  ❷ 9x12 (mit Filmfehler)
OPV   517

Abb.: 27
DV   ❸ PK
WBV  ❷ 6x9
      ❺
OPV   390

Abb.: 28
DV   ❷ 9x12
WBV  ❷ 9x12 (seitenverkehrt)
OPV   535

Abb.: 29
DV   ❷ 9x12
OPV   514

Abb.: 30
DV   ❹ 9x12
WBV  ❺
OPV   516

Abb.: 31
DV   ❺
WBV  ❷ 6x9
OPV   352

Abb.: 32
DV   ❸ PK
WBV  ❶ 6x9
      ❷ 6x9
OPV   357

Abb.: 33
DV   ❶ 6x9
WBV  ❸ PK
OPV   354

Abb.: 34
DV   ❶ 9x12
WBV  ❷ 9x12
      ❸ PK
      ❹ 9x12
      ❺ (beschädigt)
OPV   519

Abb.: 35
DV   ❺
WBV  ❷ 9x12
OPV   526

Abb.: 36
DV   ❺
WBV  ❷ 6x9
OPV   397

Abb.: 37
DV   ❶ 6x9
WBV  ❷ 6x9
      ❸ PK
      ❺
OPV   371

Abb.: 38
DV   ❸ PK
WBV  ❷ 6x9
OPV   373

Abb.: 39
DV   ❸ 13x18
WBV  ❷ 6x9
      ❹ 6x9
OPV   355

Abb.: 40
DV   ❺
WBV  ❷ 9x12
OPV   545

Abb.: 41
DV   ❻
OPV   623

Abb.: 42
DV   ❻
OPV   653

Abb.: 43
DV    **1** 9x12
WBV   **2** 9x12
      **3** 8x12
      **5**
OPV   552

Abb.: 44
DV    **5**
OPV   546

Abb.: 45
DV    **4** 9x12
OPV   554

Abb.: 46
DV    **2** 6x9
OPV   368

Abb.: 47
DV    **3** PK
WBV   **2** 9x12
      **3** PK
      **5** (beschädigt)
OPV   550

Abb.: 48
DV    **4** 9x12
OPV   553

Abb.: 49
DV    **5**
WBV   nach Boas (1923)
OPV   93 a

Abb.: 50
DV    **2** 9x12
OPV   513

Abb.: 51
DV    **1** 9x12
WBV   **2** 9x12
      **3** 9,5x12,5
      **5**
OPV   551

Abb.: 52
DV    **2** 6x9
WBV   **5** (beschädigt)
OPV   396

Abb.: 53
DV    **2** 6x9
WBV   **5**
OPV   306

Abb.: 54
DV    **3** PK
WBV   **2** 9x12
      **5**
OPV   425

Abb.: 55
DV    **5**
OPV   417

Abb.: 56
DV    **3** PK
WBV   **2** 9x12
      **4** 9x12
      **5**
OPV   527

Abb.: 57
DV    **5**
OPV   544

Abb.: 58
DV    **3** PK
WBV   **2** 6x9
      **4** 6x9
OPV   395

Abb.: 59
DV    **2** 9x12
WBV   **5**
OPV   541

Abb.: 60
DV    **2** 9x12
OPV   542

Abb.: 61
DV    **2** 9x12
OPV    543

Abb.: 62
DV    **2** 9x12
OPV    540

Abb.: 63
DV    **3** PK
WBV   **2** 6x9
OPV    378

Abb.: 64
DV    **3** PK
OPV    305

Abb.: 65
DV    **2** 6x9
WBV   **3** PK
OPV    392

Abb.: 66
DV    **2** 9x12
WBV   **5**
OPV    524

Abb.: 67
DV    **2** 9x12
WBV   **5**
OPV    534

Abb.: 68
DV    **4** 9x12
WBV   **2** 9x12
OPV    515

Abb.: 69
DV    **2** 9x12
WBV   **2** 9x12
      **5**
OPV    538

Abb.: 70
DV    **3** PK
WBV   **2** 6x9
      **5**
OPV    369

Abb.: 71
DV    **1** 9x12
WBV   **2** 9x12
      **3** PK
      **5**
OPV    532

Abb.: 72
DV    **2** 9x12
OPV    556

Abb.: 73
DV    **2** 6x9
WBV   **4** 6x9
OPV    389

Abb.: 74
DV    **2** 9x12
OPV    522

Abb.: 75
DV    **5**
WBV   **2** 6x9
      **5**
OPV    388

Abb.: 76
DV    **3** PK
WBV   **2** 6x9
      **5**
OPV    398

Abb.: 77
DV    **3** PK
WBV   **2** 9x12
OPV    530

Abb.: 78
DV      **5**
WBV     **6**
OPV     567


Abb.: 79
DV      **5**
WBV     **6**
OPV     578


Abb.: 80
DV      **2** 9x12
WBV     **3** 13x18
OPV     523


Abb.: 81
DV      **5**
WBV     **6**
OPV     607


Abb.: 82
DV      **3** 13x18
WBV     **5**
OPV     286


Abb.: 83
DV      **3** PK
WBV     **2** 9x12
OPV     293


Abb.: 84
DV      **4** 6x9
WBV     **5**
OPV     291


Abb.: 85
DV      **3** PK
WBV     **2** 6x9
        **4** 6x9
OPV     292


Abb.: 86
DV      **1** 9x12
WBV     **2** 9x12
        **3** PK, 13x18
        **5** (2 Negative)
OPV     491


Abb.: 87
DV      **1** 9x12
WBV     **2** 9x12
        **5**
OPV     493 b


Abb.: 88
DV      **6**
OPV     679


Abb.: 89
DV      **3** PK
WBV     **2** 6x9
        **5**
OPV     409


Abb.: 90
DV      **2** 6x9
OPV     408


Abb.: 91
DV      **3** PK
OPV     299


Abb.: 92
Bautz, Moçambique 1998


Abb.: 93
DV      **2** 6x9
OPV     338


Abb.: 94
Wieckhorst, Singen 1999


Abb.: 95
DV      **4** PK
Anonym

Abb.: 96
Bautz, Berlin 1999

Abb.: 97
Gross, Leipzig 1999

Abb.: 98 - 112
Bautz, Moçambique 1998

Faksimile-Abbildungen:

Faksimile  1: Veröffentlichung des Forschungsinstituts
Faksimile  2: Briefkopf Mission Swiss Romande
Faksimile  3: Rechnung der Firma Wunder & Günther
Faksimile  4: Bestellschein Tropenausstatter Braun
Faksimile  5: Grüße aus Kapstadt
Faksimile  6: Rechnung von MEIKLES
Faksimile  7: Telegramm an das Forschungsinstitut
Faksimile  8: Ausschnitt aus: Neue Leipziger Zeitung, 11.2.32
Faksimile  9: Neueste Leipziger Zeitung, 7.4.34
Faksimile 10: Leipziger Abendpost, 7./8.4.34
Faksimile 11: Programm Vortragsreihe am Julius Lips-Institut
Faksimile 12: Aus dem Routenbuch
Faksimile 13: Photorückseite mit Beschriftung
Faksimile 14: Kostenvoranschlag Photo-Winter
Faksimile 15: Fahrkarte Inhassoro - Inchope

Bildteil:
Tafel I - Tafel XXXVII:
Abbildungen: Wieckhorst, Leipzig 1999

Karte Moçambique, Abbildung Seite 19: Hänse, Leipzig 1999

Zusammenstellung historischer Objektphotos, Abbildungen
Seite 159-167: DV: ❹PK

# Publikationsverzeichnis Spannaus

Herausgabe bzw. Mitherausgabe von Festschriften:
- Herausgabe der Otto-Reche-Festschrift: München 1939: Kultur und Rasse.
- Mitherausgabe der Hans-Plischke-Festschrift: Düsseldorf 1955: Von fremden Völkern und Kulturen.

Afrikanistische Veröffentlichungen:
- Historisch-Kritisches zum Hamitenproblem in Afrika, in: Weule-Gedenkschrift, Leipzig 1929.
- Züge aus der politischen Organisation afrikanischer Staaten und Völker, Dissertation, Leipzig 1929.
- Internationale Afrika-Bibliographie, in: Ethnologischer Anzeiger 1928-31.
- Erläuterungen zu Konstruktion und Inhalt der Routenkarte der Leipziger Mosambikexpedition 1931, Leipzig 1933.
- Kurzberichte über die Leipziger Mosambikexpedition, in: Ethnologischer Anzeiger 1933 und in: Forschung und Fortschritt 1933.
- Die rassische, sprachliche und kulturelle Gliederung der voreuropäischen Bevölkerung Afrikas, in: Afrika-Nachrichten 1934.
- Die Europäisierung in Südrhodesien und Portugiesisch-Ostafrika in ihrem Zusammenhang mit der Eingeborenenpolitik, in: Tagungsberichte der Gesellschaft für Völkerkunde, Leipzig 1936.
- Portugiesisch-Ostafrika, in: Afrika: Handbuch der angewandten Völkerkunde Hrsg. H.A. Bernatzik, Innsbruck 1947 Bd. II.
- Streiflichter aus dem Leben der Kinder und Jugendlichen bei den Ndau Südost-Afrikas (mit Bemerkungen über die Hlengwe), in: Tribus, Stuttgart 1951.
- Afrika, in: Die Kulturen der außereuropäischen Erdteile in Übersicht - Führer durch die Schausammlungen des Instituts für Völkerkunde, Göttingen 1954.
- Ernährung und Ess-Sitten bei den Ndau, in: Tribus, Stuttgart 1956.
- Die Bedeutung der Nachbarwissenschaften für die Völkerkunde Afrikas, in: Göttinger völkerkundliche Studien Bd. II, Düsseldorf 1957.
- Das Häuptlingswesen der Ndau in Südostafrika, in: Beiträge zur Völkerforschung, Veröffentlichungen des Museums für Völkerkunde zu Leipzig, Heft 11, Berlin 1961.
- Aus der geistigen Kultur der Ndau in Südost-Afrika, in: Neue Afrikanistische Studien, Hamburger Beiträge zur Afrikakunde, Hamburg 1966.

Allgemeine Völkerkunde, insbesondere völkerkundlicher Film:
- Theoretische und praktische Probleme des wissenschaftlich-völkerkundlichen Films, in: Plischke-Festschrift 1955: Von fremden Völkern und Kulturen, Düsseldorf 1955.
- Einsatz des Schmalfilms für ethnologische Forschungen, in: Kino-Technik 10, Heft 4, 1956.
- Der Film als Mittel völkerkundlicher Forschung, in: Forschungsfilm Vol.2, No. 4, 1957.
- Zwanzig wissenschaftliche Begleitveröffentlichungen zu völkerkundlichen, meist afrikanistischen Filmen überwiegend mit dem Charakter selbständiger wissenschaftlicher Publikationen (zuerst 1936, typenbildend auf diesem Gebiet seit 1947).
- Völkerkunde, Volkskunde. Bibliographie im Literarischen Zentralblatt der Deutschen Bücherei, von 1928 bis 1939.

Lexikonarbeiten:
- Ergänzungsbände Großer Brockhaus ab 1928, gesamte regionale Völkerkunde im Auszug.
- Rund 300 Artikel afrikanische Völkerkunde im Großen Brockhaus ab 1950, dazu afrikanische Kolonialgeschichte (britische, französische und italienische Kolonien).

weiterere Veröffentlichungen:
- Berg- und Wasserbauliche Wanderung durch den Oberharz, in: Schriftenreihe des Heimat- und Museumsvereins für Northeim und Umgebung Nr.1, o.J. .

## Verzeichnis der Sponsoren 1931

- Fritz Becker, Blaudruckerei und Färberei, Hohenlimburg / Westfalen
- Bettmann & Kupfer, Elbestraße 52, Frankfurt am Main
- Hermann Biederlack & Co, Mechanische Spinnerei und Weberei, Greven / Westfalen
- Fuess, Wissenschaftliche und Technische Präzisionsinstrumente, Düntherstraße 8, Berlin – Steglitz
- Klein & Quenzer, Uhrkettenfabrik, Oberstein
- Maggi – Werke, Singen im Hegau
- Gebrüder Mahla, Gablonz / Neisse, Tschechoslowakische Republik
- Merck, Chemische Fabrik, Darmstadt
- Robert Reichelt, Zelte-Fabrik, Stralauer Straße 52, Berlin
- Risler & Cie, Aachen
- Rodenstock, Optische Werke, München *
- Photo Rohr, Elisenstraße 39, Leipzig
- Gebrüder Wichmann, Zeichengeräte, Karlstraße 13/14, Berlin NW 6
- Photo Winter, Schillerstraße 5, Leipzig
- Firma Woermann, Brock & Co, Afrikahaus, Große Reichenstraße, Hamburg


* 1999, Sachspende
  zwei Sonnenbrillen, die zur Ausstellungseröffnung versteigert wurden